上海对外经贸大学金融著作丛书

本书得到上海对外经贸大学出版基金资助

# 上市公司管理层股权激励对股票错误定价的影响研究

徐寿福　著

中国金融出版社

责任编辑：黄　羽
责任校对：李俊英
责任印制：陈晓川

**图书在版编目（CIP）数据**

上市公司管理层股权激励对股票错误定价的影响研究/徐寿福著 .
—北京：中国金融出版社，2019. 12
（上海对外经贸大学金融著作丛书）
ISBN 978 - 7 - 5220 - 0365 - 8

Ⅰ. ①上…　Ⅱ. ①徐…　Ⅲ. ①上市公司—股权激励—影响—
股票价格—研究—中国　Ⅳ. ①F832. 51

中国版本图书馆 CIP 数据核字（2019）第 269180 号

上市公司管理层股权激励对股票错误定价的影响研究
Shangshi Gongsi Guanliceng Guquan Jili dui Gupiao Cuowu Dingjia de Yingxiang Yanjiu

出版
发行　　中国金融出版社
社址　北京市丰台区益泽路 2 号
市场开发部　（010）63266347，63805472，63439533（传真）
网 上 书 店　http：//www. chinafph. com
　　　　　　（010）63286832，63365686（传真）
读者服务部　（010）66070833，62568380
邮编　100071
经销　新华书店
印刷　北京市松源印刷有限公司
尺寸　169 毫米 ×239 毫米
印张　14
字数　170 千
版次　2019 年 12 月第 1 版
印次　2019 年 12 月第 1 次印刷
定价　45. 00 元
ISBN 978 - 7 - 5220 - 0365 - 8
如出现印装错误本社负责调换　联系电话　（010）63263947

# 本书获得以下基金和项目资助

1. 上海对外经贸大学金融著作丛书出版计划；

2. 国家自然科学基金青年项目"管理层股权激励对资本市场错误定价的影响及其监管研究"（71503162）；

3. 中国博士后科学基金面上一等资助项目"股权激励计划对非有效市场中公司投资的影响研究"（2015M570357）；

4. 中国博士后科学基金第10批特别资助项目"股权激励行权安排对股价崩盘风险的影响及其治理研究"（2017T100288）。

# 总　序

上海对外经贸大学校长　孙海鸣

　　金融是现代经济的核心，而上海建立国际金融中心又是重要的国家战略，从这个意义上来说，在上海从事金融研究工作的专家是处于"中心"中的"中心"，得天时、地利、人和之便。《上海对外经贸大学金融著作丛书》的出版，正是此天时、地利、人和的产物，可喜可贺。

　　金融发展的重要性，怎么强调都不过分。金融是资源配置的先导，现代市场经济之间的竞争，在很大程度上就是金融的竞争。因此，过去20年来，上海对外经贸大学一直将金融学科列为重点发展的领域。这不仅体现了学校的战略眼光，更体现了时代发展的要求。

　　上海对外经贸大学作为我国对外经贸人才成长的摇篮，始终秉持"诚信、宽容、博学、务实"的校训精神，把改革作为学校发展的强大动力，在人才培养、科学研究、社会服务和文化传承创新等方面不断取得新的突破；始终坚持"以学生为本、以学术为魂"的办学理念，坚持将学科建设聚焦国际前沿、对接社会需求，以贡献求支持、以服务促发展，坚持将"创新、协调、绿色、开放、共享"的发展理念贯穿于学校改革发展的各项工作中，深化教育综合改革，认真谋划和扎实推动

"十三五"期间学校改革创新转型发展各项工作，全面落实党的教育方针，切实担负起立德树人的根本使命，坚定不移地推动学校建设成为高水平、国际化、特色鲜明的应用研究型大学。

近年来，学校紧密围绕国家和上海的迫切需求，主动对接上海"四个中心"、上海自贸区、国家"一带一路"以及全球科创中心等重大战略，着力破除制约学校发展目标实现的思想障碍和制度藩篱，形成多方参与、多元投入并与社会有机互动的办学机制，逐步构建院校协同发展、学术权力与行政权力相互支撑、充满活力的大学内部治理结构。其中一个重要的目标就是建立学术研究与决策咨询研究双轨并行、教学与科研协同发展的体制机制，为学科建设和学术研究夯实制度基础。学校鼓励各教研部门根据所属学科专业特点与定位目标，明确科研方向，制定各具特色的科研内容与方式。学校主动适应转型发展需要，打破传统的科研与教学相互分离局面，强化教学科研均衡发展意识，建立教学、科研、社会实践深度融合的体制机制，协调制定适应转型发展要求的制度体系，引导科研价值取向更加符合学校定位目标与社会发展需要。

上海对外经贸大学金融学科的高速发展正体现了学校的这种发展思路。金融学院于 1995 年建院，迄今已逾 20 年，是一所既年轻又具有一定历史沉淀的学院。近年来，学院的发展更是速度惊人，学院的科研积极性得到空前的提升，科研成果不断涌现。学院学术研究与决策咨询等多种类型的研究实现良性互动，既提升了学术水平，又服务了国家战略，可谓一箭双雕，成效显著。更可喜的是，在这一过程中，一大批年轻学者迅速成长起来，成为国内金融学界的翘楚。本套丛书正是他们成长过程的见证。

《上海对外经贸大学金融著作丛书》既展示了我校近年来中青年金

融学人的主要学术成果，也彰显了我校的金融学科优势、学术研究特色和学术研究能力。从选题来看，本套丛书不仅较好地契合国家全面改革开放战略，而且紧密对接上海自贸区建设和上海国际金融中心建设的新需要；从内容来看，本套丛书既密切追踪当今国际金融领域出现的新现象、新问题和新趋势，又深入研究国内金融领域进一步改革开放中的热点难点问题，具有专业性、学术性、实践性和前沿性等特点。

本套丛书的出版对于进一步推动我校学科建设和学术研究工作无疑具有重要的意义，希望能够激励更多的金融学人竞相迸发出更加强大的学术热情和创新动力，为我校早日建成高水平、国际化、特色鲜明的应用研究型大学贡献力量。同时，也期待更好更多的学术成果不断涌现，为金融学院的发展继续谱写全新的篇章。

**2015 年 12 月 1 日于松江大学城**

# 前　言

　　长期以来，我国股票市场运行机制不健全，上市公司控股股东、管理层与中小股东利益不一致，股票价格严重偏离上市公司内在价值，市场缺乏长期稳定的回报机制等问题比较突出，严重制约了资本市场的功能发挥。股权分置改革实现了上市公司股份的全流通，统一了大小股东的价值判断标准，为上市公司整体市值的管理创造了条件。随着股改后上市公司经营哲学和经营理念发生的深刻变化，上市公司经营目标由利润最大化转变为价值最大化，上市公司管理由利润导向转变为价值和市值导向，市值的意义和作用得到了空前的提升，成为上市公司经营好坏的综合体现和资本的新标杆，市值管理也成为了上市公司全流通时代面临的重要战略任务。股改期间，国资监管机构率先提出将国有上市公司管理层的业绩考核与市值挂钩，市值管理开始进入政策视野，同时也引起了学术界和实务界的广泛讨论。2014 年 5 月 8 日，国务院发布《关于进一步促进资本市场健康发展的若干意见》（以下简称新国九条），明确提出鼓励上市公司建立市值管理制度，使得市值管理具备了宏观政策依据。该政策与全流通时代强烈的市值财富意识产生共鸣，推动了上市公司市值管理进入一个新的阶段：旨在解决管理层动力问题的股权激励获得空前推广，越来越多的上市公司，其中不乏国有控股上市公司，将其作为核心利器，开展市值管理，促进股东价值最大化。

上市公司市值管理的核心在于价值创造，其次才是价值反映，由此作为从"有效解决管理层与股东利益一致性"的高度解决上市公司缺乏市值管理动力的手段，股权激励的首要问题是激励管理层从稳定和提升上市公司市值出发，通过公司的战略规划、经营管理和投资者关系管理，将公司创造价值、实现价值和经营价值的活动有机地联系起来，促使股价充分反映公司内在价值，并努力实现以内在价值为支撑的市值最大化。然而在上市公司市值管理实践中，由于股权激励契约存在自身的设计缺陷，股权激励在客观上将管理层利益与短期股价表现绑定等原因，诸多上市公司股权激励的实施反而沦为管理层的福利工具，上市公司的市值管理实践异化为"股价管理"，导致股权激励的实施反而会加剧上市公司股票价格对其内在价值的偏离。因此，我们不得不去反思：股权激励与股票错误定价之间是否存在直接的关系？其背后的逻辑又是什么呢？

从理论上来说，股票错误定价不仅会反映市场层面与估值相关的因素，同时也会体现公司内部特征和决策行为，而后者与管理层的利益取向密切相关。在管理者理性和投资者非理性的假设下，行为公司金融理论认为非有效市场中投资者非理性及其行为偏差会导致股票错误定价，继而影响公司决策，此时，理性的管理者需要对公司价值最大化、短期股票价格最大化和长期投资者利益最大化三个目标进行权衡。现代企业因不同的股权结构特征导致内部代理问题的表现形式不同，但管理层与股东之间的利益冲突始终存在。股权激励旨在通过授予股权促使被激励者与上市公司利益共享、风险共担，绑定管理层与股东的利益，从而形成对管理层的有效激励，因此与管理层利益密切相关。理性的管理者作为公司财务决策的主要制定者和执行者，在公司股权激励实施过程中，有动机通过影响股票错误定价进而影响公司决策，以实现其自身利益最大化。区别于主要从投资者非理性和交易机制的不完备等市场层面的公司外部因素考察资本市场错误定价的产生及其影响的研究，本书着眼于作为典型新兴资本市场的中国股票市场，借助行为公司金融理论投资者非理性和管理层理性的理论基础和分析框架，从公司内部角度研究上市公司股票错误定价。

在理论分析股权激励影响上市公司股票错误定价的基础上，本书以2005年底《上市公司股权激励管理办法（试行）》实施以来的中国上市公司作为研究对象，考察了中国资本市场上管理层股权激励对上市公司股票错误定价的实际影响、经济机制和影响路径，以及股权激励计划契约要素和上市公司特征等因素的作用。研究发现：（1）上市公司股权激励计划的实施及其力度显著加剧了股票错误定价，主要体现在导致被高估股票估值的进一步上升，同时扩大了股价崩盘风险。（2）从股权激励计划契约要素的角度来看，当股权激励计划采用股票期权作为激励工具或使用更高的绝对业绩指标时，会导致更大程度的股票错误定价。（3）股权激励通过加剧管理层代理冲突继而加剧了上市公司股票错误定价，表明股权激励恶化管理层代理问题是其加剧上市公司股票错误定价的重要机制之一。（4）管理层股权激励对股票错误定价的影响在国有上市公司、高成长性公司和低融资约束公司中更加显著，表明管理层股权激励效应的发挥依赖于上市公司各方面的特征，从而在异质性公司中存在差异化的表现。（5）管理层会采用投资决策特别是研发投资来迎合投资者非理性产生的股票错误定价，股权激励的实施进一步强化了管理层的迎合动机，表明管理层迎合投资决策是股权激励影响股票错误定价的重要路径之一。在以上研究结论的基础上，本书分别提出了针对上市公司、监管层和投资者的启示和建议。总之，我国上市公司管理层股权激励计划的实施，通过恶化管理层代理冲突进而加剧了上市公司股票错误定价。从股票市场表现来看，我国上市公司股权激励计划的实施并未实现其改善公司治理、缓解管理层代理冲突继而实现利益协同效应的初衷。

本书的研究不仅在理论上提供了从公司内部角度考察管理层股权激励对股票错误定价影响的分析框架，丰富和补充了已有研究，也为实践中从管理层股权激励角度实施上市公司市值管理、界定资源配置过程中政府与市场的边界提供了依据。

# 目　录

# 第一章
# 绪　论

## 第一节　选题背景和研究动机

以解释管理层和投资者之间的金融合约以及企业真实投资行为为主要目标的公司金融理论，要求管理层和投资者均能够完全相互地理解对方的信念和偏好，因此，公司金融理论中大部分研究都假定管理层和投资者是完全理性的，即他们都能够无偏地预测未来事件的影响，并据此作出最有利于自身利益的决策。具体而言，这意味着管理层认为市场是有效率的，股票价格能够理性地反映关于公司基本价值的公开信息。类似地，投资者能够认为管理层会基于自身利益最大化进行决策，对薪酬契约等公司治理机制的激励产生理性的反应（Baker 和 Wurgler，2013）。然而，近年来行为公司金融（Behavioral Corporate Finance）理论的发展及其提供的证据表明，传统的公司金融理论所描述的前提假设往往很难被满足。有限套利（Limited Arbitrage）、聚类效应和投资者情绪等因素导致投资者并非完全理性，而有限治理（Limited Governance）、有限理性（Bounded Rationality）、个人过度自信和过度乐观等因素则难以保证管理层的完全理性（Baker 和 Wurgler，2013），从而形成了行为公司金融理论分别基于投资者非理性和管理层非理性的两大分析框架。

基于管理者理性和投资者非理性的分析框架，行为公司金融理论认为在面对非有效市场中投资者非理性产生的市场错误定价时，理性的管理者需要对公司价值最大化、短期股票价格最大化和长期投资者利益最大化三个目标进行权衡。现有理论分析框架的一个重大不足在于，它们忽视了现代企业中客观存在的管理层与股东之间的代理冲突对理性管理者决策的影响，从而不能准确揭示管理层利用投资者非理性进行决策的背后动机。现代公司中股东所有权与管理层经营权的分离必然导致委托代理冲突，现实世界中广泛存在的信息不对称使得这种委托代理冲突成为事实。从近年来国内的相关研究来看，尽管学者们对中国上市公司第二类代理冲突的关注如火如荼，但并不意味着第一类代理问题已经解决①，相反随着中国资本市场相关法规的不断完善，大小股东的利益关系得到不断改善，而股东与管理层之间的利益冲突却越来越突出（姜付秀等，2009）。事实上在中国上市公司中，上述两类代理问题似乎兼而有之（魏志华等，2012），尤其在国有企业和家族企业中表现更为突出。因此，在考察理性的管理者利用非有效市场中投资者的非理性需求②进行公司决策时，必须考虑代理问题的存在及其对管理层决策的影响，此时管理层以自身利益最大化为决策目标可能更符合理论逻辑和现实状况。

另外，作为监管部门近年来大力推进以改善公司治理和保护投资者

---

① 学者们通常把管理层与股东之间的代理冲突称为第一类代理冲突，把控股股东或大股东与中小股东之间的代理冲突称为第二类代理冲突。

② 投资者非理性需求在市场中有很多表现，其中维持或推高短期股价是投资者重要的非理性需求之一。

利益的重要举措，股权激励是处于协调公司内部利益核心位置的重要公司治理机制，与管理层利益密切相关。股权激励究竟是缓解公司管理层与股东之间利益冲突的有效治理机制，还是管理层获取公司和股东利益的一种手段，已有文献并未达成一致结论[①]。2005 年证监会发布《上市公司股权激励管理办法（试行）》，标志着我国上市公司开始实施真正意义上的股权激励。尽管在该办法实施之前，管理层持股作为解决管理层与股东利益冲突最直接的方法在我国被普遍采用（李小荣和张瑞君，2014），国内学术界也一直将管理层持股等同于股权激励进行研究（肖星和陈婵，2013），但股权激励计划往往是制度性安排或者强制性持有股权，而管理层股权持有状况更多地表现为自愿性持有股权（高敬忠和周晓苏，2013），股权激励计划相对于高管持股更多地具有期权的性质。因此，关于高管持股的研究结论并不能被直接应用于对股权激励计划的考察。同时，股权激励计划在我国资本市场和公司治理中尚属于新生事物，在实践中如何发挥其正面激励效应、防范其负面堑壕效应亟需理论研究和实证检验。

股权激励作为公司内部的重要治理机制，与管理层利益密切相关，能够促进管理层利益与上市公司和股东利益的协调和一致（Jensen 和 Meckling，1976），但也可能引发管理层的机会主义行为，成为代理问题的一部分（Fama 和 Jensen，1983；Bebchuk 和 Fried，2003）。在公司实施股权激励的过程中，管理层有动机且有能力影响股票错误定价，进而影响公司决策行为以实现自身利益最大化，由此引发我们思考管理层股权激励是否以及怎样对股票错误定价产生影响。错误定价，简单而言就是指股票价格不能"完美地"体现真实的公司内在价值，甚至有时

---

[①]　关于股权激励效应的争论，本书在文献综述部分有详细论述。

候严重偏离内在价值。合理的股权激励措施通过将管理层利益与股东利益有效绑定，进而可能对股票错误定价产生正面影响，促进上市公司股票价格或市场价值回归并体现公司内在价值。但偏离最优水平的股权激励机制可能促使管理层利用、迎合甚至鼓励和"制造"股票错误定价，从而导致更大的错误定价。

由此，区别于主要从投资者非理性和交易机制的不完备等市场层面的公司外部因素考察股票错误定价的产生及其影响的研究，本书基于以上制度背景和研究动机，着眼于作为典型新兴资本市场的中国股票市场，借助行为公司金融理论投资者非理性和管理层理性的理论基础和分析框架，从公司内部角度研究上市公司股票错误定价。错误定价不仅会反映市场层面与估值相关的因素，也会体现公司内部特征和决策行为，而后者与管理层的利益取向密切相关。本书从公司内部考察管理层股权激励是否以及怎样对股票错误定价产生影响，识别管理层股权激励对股票错误定价产生的正面影响和负面影响，在此基础上探讨如何监管管理层股权激励对股票错误定价的负面影响。本书的研究不仅在理论上提供从公司内部角度考察管理层股权激励对股票错误定价影响的分析框架，也为实践中从管理层股权激励角度界定资源配置过程中政府与市场的边界提供依据。

## 第二节　研究内容和本书结构

本书的研究内容主要包括理论分析和实证检验两部分。首先，从理论上，本书以我国上市公司管理层代理问题的存在性作为逻辑起点，分析了管理层股权激励对上市公司股票错误定价的影响机制。其次，本书实证检验了管理层股权激励对股票错误定价的实际影响、经济机制和路径，并且考察了股权激励契约要素和上市公司特征等因素的影响。最后，根据本书的研究结论，总结了针对上市公司、监管层和投资者的相关启示和建议。

具体而言，根据以上研究内容，本书的结构大致安排如下。

第一章为本书的绪论，主要从理论渊源和制度背景角度阐述了本书的选题动机和意义，简要介绍本书的研究内容和框架结构，并简述本书的可能创新之处。

第二章为文献综述，主要从股票错误定价的产生原因和管理层股权激励效应两个方面回顾了相关文献，并对已有研究进行了简要评论，梳理了本书的理论基础。

第三章分别从制度演进和制度设计以及上市公司股权激励计划实施的样本分布和实施概况等角度，简要介绍了我国上市公司股权激励制度的大致状况。

第四章从理论上分析了我国上市公司管理层代理问题的存在性，并以此为逻辑起点分析了管理层股权激励是否以及怎样会对股票错误定价产生影响。

第五章实证检验了管理层股权激励对上市公司股票错误定价的实际影响，并进一步检验了股权激励对股价崩盘风险的影响。

第六章考察了激励比例、激励标的物、激励有效期和行权（解锁）业绩条件等股权激励契约要素对股票错误定价的影响。

第七章利用中介效应模型考察管理层代理成本的中介效应，检验了管理层股权激励影响股票错误定价的经济机制。

第八章从产权性质、成长性和融资约束等维度，考察了不同上市公司中管理层股权激励对股票错误定价的异质影响。

第九章以上市公司投资决策为例，从股权激励会强化管理层迎合投资的角度，检验了股权激励影响股票错误定价的路径。

第十章简要总结了本书的研究结论，并提出了针对上市公司、监管部门和投资者的相关启示和建议。

## 第三节 主要创新之处

本书的主要创新之处体现在以下三个方面。

一是研究选题的创新。管理层股权激励是近年来监管层着力推行的重要公司治理机制之一，其目的在于改善公司治理、保护投资者利益。然而，股权激励与管理层利益密切相关，既可能缓解股东与管理层之间的利益冲突，也可能引发管理层的机会主义行为。作为公司主要决策者和执行者的管理层在实施公司决策时，会受到上市公司错误定价的影响，导致在股权激励实施过程中，管理层可能会通过影响上市公司股票错误定价而实施有利于自身利益最大化的公司决策。正是基于这样的逻辑思考，本书选择管理层股权激励对上市公司股票错误定价的影响作为研究对象，考察管理层股权激励对股票错误定价的影响效果和影响机制，提出对管理层股权激励负面影响的监管建议，不仅为理论上从公司内部分析管理层股权激励对上市公司股票错误定价的影响提供了研究框架，而且为从股权激励角度清晰界定资源配置过程中政府与市场的边界提供了理论证据和政策依据。

二是研究视角的创新。一方面，区别于已有文献主要从公司外部的市场层面因素探讨上市公司股票错误定价的产生及后果，本书基于行为公司金融理论管理层理性和投资者非理性的分析框架，以管理层股权激励为研究切入点，着重从公司内部因素考察上市公司股票错误定价，拓展了关于股票错误定价的研究视角，补充了已有文献。另一方面，与大部分从公司价值（绩效）和公司行为角度考察管理层股权激励效应的研究文献不同，本书考察管理层股权激励对上市公司股票错误定价的影响，提供股权激励外化表现的实证证据，有助于进一步深化和扩展对管理层股权激励效应的认知和理解。另外，从实践意义角度上来说，本书的研究结论对监管部门的制度设计和上市公司决策实践都具有重要意义。特别是在准确捕捉了理性管理层面对非理性投资者时的决策动机后，上市公司在未来股权激励计划激励要素设计和股权激励计划实际实施过程中，应该要关注如何通过管理层股权激励等手段协调管理层利益和公司价值最大化，促使管理层与股东之间的利益冲突最小化。

三是研究方法的创新。已有关于股权激励影响公司价值（绩效）、公司行为和公司股价表现的研究相对割裂，缺乏从股权激励影响公司行为的机制上探讨股权激励影响公司股价表现的分析框架。本书引入中介效应检验程序，考察管理层股权激励影响上市公司股票错误定价的间接经济机制，为分析公司决策影响资本市场股价表现提供了新的分析框架。

# 第二章
# 我国上市公司管理层
# 股权激励制度概况

## 第一节　管理层股权激励制度的演变及其在我国的发展

　　股权激励在国外成熟资本市场已有 60 多年历史，1952 年美国辉瑞（PFIZER）制药公司推出了第一个经理人股票期权，被认为是世界上第一个真正意义上的股权激励计划。随后，管理层股权激励制度在西方国家的资本市场得到了迅猛地发展，一些其他形式的股权激励计划纷纷出现，如股票期权计划或股票增值权、虚拟股票、股利单位、限制性股票、业绩股票等。20 世纪 80 年代以来，股票期权作为一种激励方式迅速发展起来，尤其是在 90 年代更是突飞猛进。据统计，到 90 年代末，《财富》500 强中 90% 以上的公司都对其高级经理人员采取了经营者股票期权激励计划，经理人股票期权报酬占经理人总报酬的比例从 80 年代中期的 20% 上升到 90 年代的 30% 以上（Hall 和 Liebman，1998）。到 1998 年，经理人的股票期权报酬占总报酬比重为 35%，而标普 500 公司该比重为 38%（Perry 和 Zenner，2000）。从美国开始的"高管持股计划"把全球带入股权激励的浪潮中，随后日本、英国、法国、意大利等发达国家纷纷效仿，拉开了西方成熟市场推行股权激励的序幕。

我国对管理层股权激励的试点开始于 20 世纪 90 年代末。2001 年九届人大四次会议上通过的《中华人民共和国国民经济和社会发展第十个五年计划纲要》中提出：要改进和完善国有企业收入分配制度；建立健全收入分配的激励机制，要提高国有企业高层管理人员、技术人员的工资报酬，充分体现他们的劳动价值，可以试行年薪制；对国有上市公司负责人和技术骨干还可以试行期权制；同时要建立严格的约束、监督和制裁制度。党的十六大报告则确立了以多种生产要素按照其贡献参与分配的原则，继续完善按劳分配、多种分配方式并存的分配格局，为企业管理层按人力资本分配提供了依据。

2003 年底，国资委出台了《中央企业负责人经营业绩考核办法》，规定央企负责人试行年薪制，先在境外上市公司推行股权激励，然后在境内上市公司中展开。

2004 年 2 月，时任中国证监会主席尚福林在"中国公司治理政策对话会"上表示，将在我国上市公司逐渐推进包括股权激励在内的长效激励机制建设。

2005 年我国开始施行股权分置改革。同年 8 月 23 日，证监会、国务院国资委、中国人民银行、商务部联合发布了《国务院关于推进资本市场改革开放和稳定发展的若干意见》，规定对于完成股权分置改革的上市公司可以实施管理层股权激励，并规定上市公司管理层股权激励的具体方案以及配套监管措施由相关部门制定。

2005 年 11 月 14 日，证监会发布《上市公司股权激励规范意见（试行）》，重提管理层股权激励，并且对股权激励来源以及股票数量进行了规定。2005 年 12 月 31 日，《上市公司股权激励管理办法（试行）》发布，且于 2006 年 1 月 1 日正式实施。

2006 年 1 月，国资委发布《国有控股上市公司（境外）股权激励试行办法》，并称将尽快出台境内上市公司激励办法。同年 9 月，国资委又发布了《国有控股上市公司（境内）股权激励试行办法》。这些文件对境内外国有上市公司股权激励作出了相关规定，使上市公司股权激励有法可依，解决了股权激励的一些基础性问题，积极推动了我国上市公司股权激励制度的实施。

2008 年，证监会相继出台了《股权激励有关事项备忘录 1 号》《股权激励有关事项备忘录 2 号》和《股权激励有关事项备忘录 3 号》，国资委和财政部联合发布《关于规范国有控股上市公司实施股权激励有关问题的通知》。2009 年，财政部、国家税务总局相继出台《关于股票增值权所得和限制性股票所得征收个人所得税有关问题的通知》和《关于上市公司高管人员股票期权所得缴纳个人所得税有关问题的通知》，不断完善和细化我国上市公司股权激励的相关配套政策，也进一步促进了我国的股权激励在政策层面上真正进入了成熟完善期。

2015 年 12 月 18 日，为进一步加强以信息披露为中心，落实"宽进严管"的监管转型理念，放松管制、加强监管，逐步形成公司自主决定的、市场约束有效的上市公司股权激励制度，证监会同时发布《上市公司股权激励管理办法（征求意见稿）》和修订说明，广泛公开征求社会各界意见。2016 年 8 月 13 日，证监会正式发布《上市公司股权激励管理办法》，为上市公司股权激励制度的实施提供了新的规范。

## 第二节　我国上市公司股权激励制度设计

许多学者认为，我国真正意义上的管理层股权激励制度源自 2005 年 12 月 31 日证监会《上市公司股权激励管理办法（试行）》的发布（以下简称《管理办法（试行）》），因此本书以《管理办法（试行）》为基础，简单梳理我国上市公司股权激励制度的设计，并结合 2016 年 8 月 13 日《上市公司股权激励管理办法》进行新旧规则的对比。

## 一、《管理办法（试行）》中关于上市公司股权激励计划的制度设计

股权激励是指上市公司以本公司股票为标的，对其董事、监事、高级管理人员及其他员工进行的长期性激励。《管理办法（试行）》从多个方面对上市公司实施股权激励计划进行了规范。

（一）资格认定

1. 上市公司不得实行股权激励计划的情形包括：最近一个会计年度财务会计报告被注册会计师出具否定意见或者无法表示意见的审计报告；最近一年内因重大违法违规行为被中国证监会予以行政处罚；中国证监会认定的其他情形。

2. 股权激励计划的激励对象可以包括上市公司的董事、监事、高级管理人员、核心技术（业务）人员，以及公司认为应当激励的其他员工，但不应当包括独立董事。最近三年内被证券交易所公开谴责或宣布为不适当人选或因重大违法违规行为被中国证监会予以行政处罚的，以及有《公司法》规定的不得担任公司董事、监事、高级管理人员情形的人员，不得作为上市公司激励对象。

（二）股票来源及规模

1. 股票来源：上市公司拟实行股权激励计划的标的股票来源包括向激励对象发行股份、回购本公司股份以及法律、行政法规允许的其他方式。

2. 股票规模：上市公司全部有效的股权激励计划所涉及的标的股票总数累计不得超过公司股本总额的 10%；非经股东大会特别决议批准，任何一名激励对象通过全部有效的股权激励计划获授的本公司股票

累计不得超过公司股本总额的1%。

（三）股权激励计划要素

上市公司应当在股权激励计划中对下列事项作出明确规定或说明：

（1）股权激励计划的目的；

（2）激励对象的确定依据和范围；

（3）股权激励计划拟授予的权益数量、所涉及的标的股票种类、来源、数量及占上市公司股本总额的百分比；若分次实施的，每次拟授予的权益数量、所涉及的标的股票种类、来源、数量及占上市公司股本总额的百分比；

（4）激励对象为董事、监事、高级管理人员的，其各自可获授的权益数量、占股权激励计划拟授予权益总量的百分比；其他激励对象（各自或按适当分类）可获授的权益数量及占股权激励计划拟授予权益总量的百分比；

（5）股权激励计划的有效期、授权日、可行权日、标的股票的禁售期；

（6）限制性股票的授予价格或授予价格的确定方法，股票期权的行权价格或行权价格的确定方法；

（7）激励对象获授权益、行权的条件，如绩效考核体系和考核办法，以绩效考核指标为实施股权激励计划的条件；

（8）股权激励计划所涉及的权益数量、标的股票数量、授予价格或行权价格的调整方法和程序；

（9）公司授予权益及激励对象行权的程序；

（10）公司与激励对象各自的权利义务；

（11）公司发生控制权变更、合并、分立、激励对象发生职务变更、离职、死亡等事项时如何实施股权激励计划；

（12）股权激励计划的变更、终止；

（13）其他重要事项。

**（四）股权激励形式**

《管理办法（试行）》详细规定了限制性股票和股票期权两种主要形式①。

**1. 限制性股票**

限制性股票是指激励对象按照股权激励计划规定的条件，从上市公司获得的一定数量的本公司股票。上市公司授予激励对象限制性股票，应当在股权激励计划中规定激励对象获授股票的业绩条件、禁售期限。

**2. 股票期权**

股票期权是指上市公司授予激励对象在未来一定期限内以预先确定的价格和条件购买本公司一定数量股份的权利。激励对象可以其获授的股票期权在规定的期间内以预先确定的价格和条件购买上市公司一定数量的股份，也可以放弃该种权利。

**二、《管理办法》实施前后新旧规则对比②**

2016 年 8 月 13 日正式实施的《上市公司股权激励管理办法》（以下简称《管理办法》）在诸多方面修订了《管理办法（试行）》，本书在比较新旧规则的基础上进一步阐述我国上市公司股权激励现行的制度设计。具体而言，《管理办法》作出的改进主要体现在以下六个方面。

**（一）对信息披露做专章规定，强化信息披露监管**

基于以信息披露为中心的监管理念，为减少股权激励实施过程中的

---

① 关于限制性股票和股票期权的详细规定，可参见《上市公司股权激励管理办法（试行）》。

② 本部分内容主要参考了证监会发布的《上市公司股权激励管理办法》起草说明的相关内容，并在此基础上做了进一步整理。

信息不对称，强化市场约束机制，《管理办法》对信息披露做专章规定，细化了对信息披露的时间、内容及程序等方面要求。例如，激励方案的首次公告，应披露方案的基本要素设置，旨在让投资者人了解股权激励的目的、对象、业绩条件、合规性等；在定期报告中要求披露股权激励的执行情况、高管薪酬与公司业绩的对比等，便于投资者了解股权激励实施效果；在执行过程中的临时披露，则突出披露的及时性，如加强对股权激励方案实施失败及取消等异常行为原因的信息披露。此外，对于信息披露的细化规定，拟要求交易所制定配套信息披露指引。

（二）进一步完善实行（参与）股权激励的条件

按照放松管制、加强监管的改革理念，《管理办法》完善了上市公司实行股权激励以及个人参与股权激励的限制性条件。

1. 完善不得实行股权激励与不得参与股权激励的负面清单。根据近些年来实践的发展，结合优化投资者回报机制的要求，以及证券期货诚信建设、对违法失信责任主体实施联合惩戒的相关要求，《管理办法》将上市公司规范运作程度、积极回报投资者能力作为重点考量条件，并围绕这些因素明确了上市公司不能实行股权激励（五种情形）和个人不得成为激励对象（六种情形）的负面清单①。

2. 结合市场各方诉求，进一步明确激励对象的范围。第一，明确

---

① 上市公司不得实行股权激励的情形包括：（1）最近一个会计年度财务会计报告被注册会计师出具否定意见或者无法表示意见的审计报告；（2）最近一个会计年度财务报告内部控制被注册会计师出具否定意见或无法表示意见的审计报告；（3）上市后最近 36 个月内出现过未按法律法规、公司章程、公开承诺进行利润分配的情形；（4）法律法规规定不得实行股权激励的；（5）中国证监会认定的其他情形。其中第（2）、（3）、（4）条在原有基础上进行了修改和补充。不得成为激励对象的情形包括：（1）最近 12 个月内被证券交易所认定为不适当人选；（2）最近 12 个月内被中国证监会及其派出机构认定为不适当人选；（3）最近 12 个月内因重大违法违规行为被中国证监会及其派出机构行政处罚或者采取市场禁入措施；（4）具有《公司法》规定的不得担任公司董事、高级管理人员情形的；（5）法律法规规定不得参与上市公司股权激励的；（6）中国证监会认定的其他情形。

监事不得成为激励对象。监事在上市公司实施股权激励的过程中承担着核查激励对象名单的职能，为了有利于监事保持独立性，充分发挥监督职能，《管理办法》明确监事不得成为激励对象。第二，明确境内工作的外籍员工可成为激励对象。

（三）深化市场化改革，进一步赋予公司自治和灵活决策空间

针对现有的激励条件、定价等核心因素规定较为刚性，上市公司自主灵活性不足的问题，《管理办法》放宽限制，进一步赋予公司自治和灵活决策空间。

1. 放宽绩效考核指标等授权条件、行权条件要求，完善综合评价机制。为鼓励公司自治，充分发挥市场作用，《管理办法》取消公司业绩指标不低于公司历史水平且不得为负的强制性要求，原则性规定相关指标应客观公开，符合公司的实际情况，有利于体现公司竞争力的提升。

2. 放宽对授予价格、行权价格的定价要求，完善股票定价机制。在简政放权、市场化改革的大背景下，为鼓励公司自治，充分发挥上市公司、股东、激励对象的主观能动作用，《管理办法》对授予价格、行权价格不做强制性规定，仅做原则性要求，鼓励公司从本身价值出发灵活选取定价方式，给予公司更多的灵活空间。在定价的原则性要求中，适当增加了授予价格、行权价格的定价时间窗口基准，增加价格弹性，充分发挥市场主体的自主权。同时强化信息披露监管，要求公司在股权激励计划中对授予价格、行权价格的定价依据及定价方式作出详细说明。

3. 明确股权激励与其他重大事项不互斥。《管理办法》取消了有关股权激励与其他重大事项30日间隔期的规定，明确上市公司启动及实施增发新股、并购重组、资产注入、发行可转债、发行公司债券等重大事项与股权激励计划不相互排斥。

4. 放宽了对预留权益的限制。现行规则要求预留权益比例不得超过拟授予权益数量的 10%，但很多公司认为比例偏低，不能满足上市公司后续发展引进人才的实际需要。《管理办法》将该比例由 10% 提高至 20%。

（四）基于实践发展需求，完善限制性股票与股票期权相关规定

1. 细化了限制性股票相关规定。现行规则对限制性股票规定得很笼统，仅有三条，导致实践中标准不明确，操作难度加大。《管理办法》细化了规定：第一，完善对限制性股票授予价格的规定，将来源于定向发行的与来源于回购的限制性股票定价原则相统一。第二，进一步规范限售期的相关规定，要求在限制性股票有效期内应当分期解除限售，各期解除限售的比例不得超过激励对象获授限制性股票总额的 50%，以体现长期激励效应。第三，对激励对象享有的权益作出明确，规定限制性股票在解除限售前不得转让、用于担保或偿还债务。第四，明确激励对象未达到解除限售条件或上市公司终止股权激励计划时的处理方式，规定上市公司应当回购尚未解除限售的限制性股票，并按照《公司法》的规定进行处理。

2. 明确股票期权的行权期和行权比例要求。股票期权是较为成熟的股权激励方式，实践中存在的问题较少。针对实践中个别公司存在各行权期有部分时间段重合，未真正达到分期行权的要求，《管理办法》进一步明确应当分期行权，后一行权期的起算日不得早于前一行权期的届满日，且各行权期的行权比例不得超过激励对象获授股票期权总额的 50%，以增加股票期权的长期激励效应。

（五）强化内部监督与市场约束，进一步完善股权激励实施程序、决策程序相关规定

落实"宽进严管"的监管转型理念，在放宽事前准入限制的同时，

进一步完善股权激励计划的实施程序、决策程序规定，对决策、授予、执行等各环节提出细化要求，强化程序公正，加强公司内部监督，完善市场约束机制。

1. 增加对授予条件、行权条件是否成就评判的规定。在实践中，股权激励授予条件、行权条件是否成就由董事会审议决定。当董事、高管人员作为激励对象参与股权激励时，在绩效考核指标多以财务业绩指标为主的情况下，不但容易引发管理层操纵业绩，还易导致董事会对授予条件、行权条件进行自我评判，独立性、公允性不足。《管理办法》要求独立董事、监事会、律师事务所对授予条件、行权条件是否成就明确发表意见并充分披露。

2. 细化分次授权、分期行权的考核条件与执行要求。目前有个别上市公司将股权激励作为一种纯粹福利，授权条件、行权条件等设置较为随意，未明确分次授权与分期行权时需分别设置考核条件，或在条件未成就时递延至下期授权或行权，难以有效发挥激励约束机制的作用。《管理办法》明确要求，分次授出权益或分期行使权益的，应当就每次授权、行权分别设定条件；当期条件未成就的，不得授权或行权，也不得递延至下期授权或行权。

3. 进一步规范上市公司变更、终止实施股权激励的行为。实践中出现了上市公司推出股权激励计划后，因市场形势变化导致价格倒挂等原因中止实施股权激励，但又不明确终止实施的情形；也有上市公司在实施过程中随意变更股权激励计划。《管理办法》统一规范，明确股权激励计划经股东大会审议前可变更且变更需经董事会审议通过，同时规定了不得变更的情形；规定股权激励计划提交股东大会审议前拟终止实施的须经董事会审议通过，股权激励计划经股东大会审议通过之后终止实施的须由股东大会审议；明确股权激励终止实施后3个月内不得再次审议股权激励计划。

4. 增加了对实施程序的规范性要求，强化程序公正。如明确审议股权激励计划时关联董事、关联股东回避表决，增加股权激励计划在上市公司内部公示的规定，突出中小投资者保护，尤其是中小投资者在股权激励中的意愿表达机制和话语权等内容。

（六）加强事后监管，强化内部问责与监督处罚

《管理办法》强化事后监管，增加公司内部问责机制安排，同时细化监督处罚的规定，为事后监管执法提供保障。

1. 完善公司内部问责与不当利益回吐机制。在实施股权激励的过程中，对激励对象所获不当利益应依规返还，以维护公司和股东的利益。《管理办法》增加上市公司与激励对象以协议约定，完善相关不当利益的回吐机制；将不得实施（参与）股权激励的负面清单情形与终止实施（参与）股权激励的情形前后衔接一致，增加对股权激励实施过程中违法失信行为的追责机制；明确上市公司对股权激励相关责任追究的程序性规定，为董事、监事、高管人员及股东实现不当利益追偿提供制度保障，降低相关违法违规问题发生的风险。

2. 细化对股权激励相关违法违规行为的监管与处罚规定。首先，规定上市公司股权激励不符合相关规定或上市公司未按照《管理办法》、股权激励计划的规定实施股权激励的，上市公司应当终止实施股权激励，中国证监会及其派出机构责令改正。其次，对于上市公司未按规定披露股权激励相关信息或出现虚假陈述的，上市公司独立董事及监事未按照办法及相关规定履行勤勉尽责义务的，证券服务机构和人员未履行勤勉尽责义务、所发表的专业意见存在虚假陈述的，均规定了可以采取监管措施、依法予以处罚或追究刑事责任等。此外，对于利用股权激励进行内幕交易或者操纵证券市场的违法行为，依法予以处罚或追究刑事责任。

## 第三节　我国上市公司股权激励制度实施现状

本书根据 Wind 资讯数据库提供的数据，从上市公司发布股权激励计划预案（草案）和股权激励计划的真正实施两个维度，分析了自《管理办法（试行）》颁布以来至 2017 年底我国上市公司股权激励计划实施情况。

图 2-1 和表 2-1 展示了 2006—2017 年我国上市公司股权激励计划预案的年度和行业分布情况。在此统计区间内，我国上市公司共发布了 1650 个股权激励计划。由图 2-1 可以看出，总体而言，我国上市公司发布股权激励计划预案的数量呈逐年上升趋势，由 2006 年的 36 个上升至 2017 年的 407 个，增长超过 10 倍，表明在我国资本市场中股权激励计划受到越来越多的上市公司青睐和采纳。从行业分布情况来看，制造业、信息技术业、社会服务业以及房地产业等行业中上市公司发布的股权激励计划预案较多，而采掘业、金融保险业以及交通运输仓储业等行业中上市公司发布的股权激励计划预案相对较少。

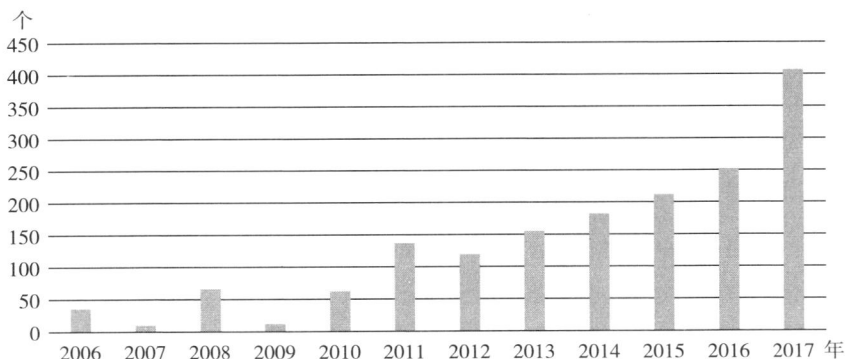

**图 2-1　上市公司股权激励计划预案年度分布**

资料来源：Wind 资讯。

表 2 – 1 　　　　　　　2006—2017 年股权激励公司样本分布

单位：个

| 行业 | 2006年 | 2007年 | 2008年 | 2009年 | 2010年 | 2011年 | 2012年 | 2013年 | 2014年 | 2015年 | 2016年 | 2017年 | 合计 |
|---|---|---|---|---|---|---|---|---|---|---|---|---|---|
| 农、林、牧、渔业 | 0 | 0 | 2 | 0 | 0 | 2 | 2 | 2 | 1 | 6 | 0 | 3 | 18 |
| 采掘业 | 0 | 1 | 0 | 0 | 0 | 1 | 0 | 0 | 0 | 3 | 3 | 4 | 12 |
| 制造业 | 19 | 4 | 37 | 7 | 34 | 75 | 73 | 102 | 113 | 118 | 137 | 245 | 964 |
| 电力、煤气及水的生产和供应业 | 2 | 0 | 0 | 0 | 0 | 0 | 2 | 1 | 1 | 2 | 2 | 1 | 11 |
| 建筑业 | 1 | 0 | 3 | 0 | 2 | 6 | 1 | 5 | 4 | 3 | 7 | 12 | 44 |
| 交通运输、仓储业 | 0 | 0 | 2 | 0 | 0 | 0 | 1 | 1 | 0 | 0 | 4 | 4 | 12 |
| 信息技术业 | 5 | 1 | 8 | 4 | 13 | 34 | 22 | 22 | 42 | 43 | 62 | 91 | 347 |
| 批发和零售贸易 | 2 | 2 | 3 | 0 | 6 | 4 | 3 | 4 | 6 | 6 | 6 | 12 | 54 |
| 金融、保险业 | 0 | 0 | 1 | 0 | 0 | 0 | 0 | 0 | 0 | 0 | 0 | 1 | 2 |
| 房地产业 | 5 | 2 | 8 | 1 | 5 | 7 | 5 | 4 | 0 | 13 | 6 | 8 | 64 |
| 社会服务业 | 0 | 0 | 1 | 0 | 1 | 5 | 7 | 10 | 12 | 12 | 15 | 16 | 79 |
| 传播与文化产业 | 1 | 0 | 0 | 0 | 0 | 3 | 2 | 3 | 3 | 6 | 7 | 9 | 34 |
| 综合类 | 1 | 0 | 1 | 0 | 1 | 0 | 1 | 1 | 0 | 0 | 3 | 1 | 9 |
| 总计 | 36 | 10 | 66 | 12 | 62 | 137 | 119 | 155 | 182 | 212 | 252 | 407 | 1650 |

资料来源：Wind 资讯。

　　表 2 – 2 统计了 2006—2017 年我国上市公司股权激励计划的实施进度。在上市公司发布的 1650 个股权激励计划预案中，有 1339 个预案最终正常实施，占比约为 81.15%。由于激励方案调整、被激励对象不能达到激励条件等延期实施或停止实施的预案共 262 个，占比约为

15.88%。已经公布预案、获得股东大会通过或国资委批准，正在准备实施的预案共42个，占比约为2.54%。只有7个预案因未被股东大会通过而被取消或修改，占比仅为0.42%。

表2-2　　　　　　　　上市公司股权激励计划实施进度一览表

| 实施进度 | 数量（个） | 占比（%） |
|---|---|---|
| 董事会预案 | 33 | 2 |
| 股东大会通过 | 7 | 0.42 |
| 股东大会未通过 | 7 | 0.42 |
| 国资委批准 | 2 | 0.12 |
| 实施 | 1339 | 81.15 |
| 停止实施 | 261 | 15.82 |
| 延期实施 | 1 | 0.06 |
| 合计 | 1650 | 100 |

资料来源：Wind 资讯。

本书进一步从实施次数、激励工具和平均激励有效期等方面详细统计了我国上市公司股权激励计划的实施情况（如表2-3所示）。首先，从总体上看，1339次股权激励计划由999家上市公司实施。其次，样本期内大部分上市公司实施过1次股权激励计划，有114家上市公司实施过2次股权激励计划，有14家上市公司实施过3次以上股权激励计划，分别约占总样本的11.4%和1.4%。个别公司甚至频繁实施股权激励计划，如网宿科技在样本期内共实施了6次股权激励计划。再次，从上市公司股权激励计划实施过程中采用的标的物来看，主要集中于股票期权和限制性股票。样本期间，上市公司股权激励计划的激励总数约为2213693.5万（股）份权益。其中，股票期权授予数量约为925155.69万份，占激励总数的比例约为41.79%；限制性股票授予数量约为1284454.6万股，占激励总数的比例约为58.02%；股票增值权等其他权益形式的授予数量约为 4083.13 万份，占激励总数的比例仅为 0.18%。最后，上市公司股权激励计划的平均激励有效期约为 4.47 年，相对于成熟资本市场中上市公司股权激励的有效期而言偏短。从表 2 - 3 中可以看出，我国上市公司大多倾向于将激励有效期设置为 4~5 年。样本中激励有效期介于 4~5 年的股权激励计划共有 1175 个，占样本总数的比例高达 87.75%。激励有效期少于 4 年和多于 5 年的股权激励计划分别有 62 个和 99 个，占比分别约为 4.6% 和 7.4%。

表 2 - 3 　　　2006—2017 年中国上市公司股权激励计划实施概况

| | |
|---|---|
| 股权激励计划实施次数（次） | 1339 |
| Panel A：实施过股权激励计划的公司数（家） | 999 |
| 其中：实施过 1 次的公司数（家） | 871 |
| 　　　实施过 2 次的公司数（家） | 114 |
| 　　　实施过 3 次以上的公司数（家） | 14 |
| Panel B：激励总数（万股/万份） | 2213693.5 |
| 其中：期权授予总数（万份） | 925155.69 |
| 　　　股票授予总数（万股） | 1284454.6 |
| 　　　股票增值权等其他（万股/万份） | 4083.132 |
| Panel C：平均激励有效期（年） | 4.471 |
| 其中：少于 4 年（次数） | 62 |
| 　　　4 年（次数） | 756 |
| 　　　少于 5 年多于 4 年（次数） | 19 |
| 　　　5 年（次数） | 400 |
| 　　　超过 5 年（次数） | 99 |

资料来源：Wind 资讯。

# 第三章
# 文献综述

本书从两个方面对相关文献进行回顾：一是关于股票错误定价的产生原因及股票错误定价对公司行为的影响研究，二是管理层股权激励效应及其对公司股票价格的影响等。

## 第一节　股票错误定价的相关研究

### 一、股票错误定价的产生原因

基于国外成熟资本市场条件，已有研究形成了有关股票错误定价产生原因的两种不同观点。一是基于传统金融理论的观点认为，信息不对称、交易成本、成熟投资者缺失等因素会导致错误定价。在有效资本市场上，股票错误定价可能是能够被套利行为迅速消除的短期的临时现象（Friedman，1953），也可能是对资产定价模型无法解释的系统风险的合理补偿（Fama 和 French，1993）。二是基于行为公司金融理论的观点认为，持续性的错误定价是资产价格中非理性成分产生的结果。

1. 信息不对称与股票错误定价

信息不对称是导致资本市场产生错误定价的重要因素。自从 Myers

和 Majluf（1984）的研究表明信息不对称较严重的公司更可能拒绝有价值的投资机会且其股票更容易被低估后，许多学者研究了信息不对称对资本市场错误定价的影响。Nanda 和 Narayanan（1999）通过构建模型研究发现，公司经理人与外部投资者关于公司未来现金流的信息不对称，会导致资本市场对公司证券价格的估值存在偏误。Healy 和 Palepu（2001）的研究也表明，经理人与外部投资者之间的信息不对称会产生错误定价，如果信息不对称会导致错误定价，那么信息质量的改善必然能够在一定程度上减轻错误定价。Callen 等（2013）和 Lee 等（2014）均提供证据表明，信息的完备和信息环境的改善都能够提高市场效率。Cornell 等（2017）研究发现与情绪相关的错误定价在具有高质量会计信息的公司中消失了，表明高质量的会计信息能够减轻股票市场错误定价。Drake 等（2014）研究发现商业媒体在帮助市场将会计信息融入股票价格的过程中发挥了重要作用，从而减轻了对公司现金流的错误定价。

2. 卖空限制与股票错误定价

以卖空限制为主要代表的市场交易机制不完备性也会导致股票错误定价。Harrison 和 Kreps（1978）从投资者信念动态变化角度，建立模型研究卖空限制对股价和投资者行为的影响。Diamond（1987）认为存在卖空限制的条件下，股价对利空消息的调整速度要明显慢于对利好消息的调整速度。Scheinkman 和 Xiong（2003）认为过度自信会导致投资者产生异质信念，在卖空限制的金融市场，乐观投资者认为能够以更高的价格卖出股票，从而导致股价被高估。Saffi 和 Sigurdsson（2011）基于 26 个国家地区的研究发现，更高的卖空限制导致了更低的价格效率。这与 Bris 等（2007）基于 46 个股市的研究结论一致。Boehmer 和 Wu（2013）也提供了直接的证据显示卖空交易增进了市场定价的信息效率，他们发现卖空行为会降低股价偏离与（对负向盈余公告冲击的）价格漂移程度，并提升了价格对于公开信息的融合以及市场的价格发现。Beber 和 Pagano（2013）利用跨国数据考察了 2007—2009 年国际金融危机时卖空限制禁令对股票价格发现的影响，发现这些禁令减缓了股票价格发现过程，并且在熊市中尤为突出。

3. 投资者非理性与股票错误定价

行为公司金融理论认为，投资者非理性及其导致的行为偏差是产生错误定价的重要原因之一。Miller（1977）提出的意见分歧理论认为，在卖空约束条件下，投资者关于股票基本价值的意见分歧将会导致股票价格高估。由于悲观投资者无法持有足够的空头头寸，因此上市公司股价只反映了乐观投资者的估价，并且投资者意见分歧越大的股票被高估的程度越严重。Daniel 等（1998）则将股票价格偏离内在价值归因于投资者理解私有信息时产生的偏差。Barberis 等（1998）所提出的投资者情绪模型认为，投资者使用公开信息预测未来现金流时产生的系统性误差，造成股票价格偏离基本价值。Black（1986）在引入噪声交易的基础上认为，股市交易中噪声交易者不断通过交易将噪声累加到股票价格中，促使股票价格偏离其内在价值。随后许多文献支持了 Miller（1977）的观点，如 Harrison 和 Kreps（1978）、Harrison 和 Stein（2003）、Boehme 等（2006）、Berkman 等（2009），等等。Cheng 和 Eshleman（2014）进一步从公司业务上下游供应链的角度再一次验证了投资者意见偏差对错误定价的影响。Nadler 等（2017）从男性荷尔蒙的生理学角度提供了独特证据，表明投资者情绪会导致资产价格偏离基本价值，产生更大且持续性更强的泡沫。Burger 和 Curtis（2016）的研究表明，噪声交易者风险削弱了股票价格与会计基本面之间的联系，至少在短期内导致了额外的错误定价。

以上文献主要从市场层面考察了资本市场错误定价的产生原因，Pantzails 和 Park（2014）的研究则开创性地从公司内部角度探讨了错误定价的形成。Pantzails 和 Park（2014）认为错误定价不仅是由市场决定的，而且可能是公司内部利益冲突和激励问题导致的结果。他们发现，资本市场错误定价与公司内部的代理成本显著正相关，偏离最优水平的股权激励可能导致更大的错误定价。

另外，我国股票市场的非理性程度被认为远高于西方成熟市场，股票价格频繁大幅波动且股票价格严重偏离内在价值（徐爱农，2007）。在国外理论和研究框架的基础上，国内许多文献着重从市场层面的公司外部因素深入研究，分析了导致我国资本市场中股票价格偏离内在价值的诸多因素，如卖空限制（古志辉等，2011；李科等，2014）、投资者过度自信（吴卫星等，2006）、投资者异质信念及其产生的对再售期权的追逐和通胀幻觉（陈国进等，2009；汪卢俊和颜品，2014）、机构投资者具有"投机"特征的交易风格（徐浩峰和朱松，2012）、媒体情绪（游家兴和吴静，2012）、投资者情绪（鹿坪和姚海鑫，2014）等。

**二、股票错误定价对公司行为的影响**

大量的文献研究表明，股票错误定价会对公司决策行为产生重要影响，本书分别从投资决策、融资决策和其他公司决策三个方面进行简要回顾。

1. 股票错误定价对公司投资决策的影响

股票价格的直接配置功能隐含着股票价格的无效率会导致投资过程的扭曲，这种扭曲既发生在股价被低估时，也发生在股价被高估时（Hau 和 Lai，2013）。在 Stein（1996）理论分析的基础上，国外许多研究提供了市场错误定价影响企业投资行为的实证证据，如 Alzahrani 和

Rao（2014）、Baker 等（2003）、Campello 和 Graham（2013）、Chirinko 和 Schaller（2001）、Hau 和 Lai（2013）、Polk 和 Sapienza（2009），等等。

从另一个角度来看，Shleifer 和 Vishny（2003）的模型解释了股票高估公司实施收购的动机。一些研究提供了市场择时驱动并购的证据，如 Ang 和 Cheng（2006）等。Baker 等（2009）对跨境并购方式的国际直接投资（FDI）进行了考察，提供的证据同样支持市场高估驱动了并购活动。Di Giuli（2013）还发现错误定价会影响并购活动中收购者的支付方式。

近年来，国内学者开始关注错误定价对公司投资的影响，但并未形成一致结论。黄伟彬（2008）提供的证据表明非理性的股价变化对真实投资的影响有限，而且主要是通过迎合渠道影响真实投资。谭跃和夏芳（2011）发现股票市场平静时期管理者盈余管理引导投资者情绪造成的错误定价与公司投资正相关；股市动荡时期投资者情绪引起的错误定价与公司投资正相关。周振东等（2011）研究发现由市场估值偏误产生的市场时机，在缓解融资约束公司投资不足的同时也造成了非融资约束公司的过度投资，从总体上来看对投资效率的影响显著为负。肖虹和曲晓辉（2012）的研究结果支持研发（R&D）投资迎合行为假说。

2. 股票错误定价对公司融资决策的影响

股价高估是公司进行股权融资的重要动因之一，许多证据表明股权融资与股价高估的事前度量指标存在正相关关系。Pagano 等（1998）发现同行业成熟公司的市账比是意大利私人公司是否实施 IPO 的一个重要影响因素。Lerner（1994）发现生物技术行业公司的 IPO 数量与生物技术股票指数高度相关。Dong 等（2012）发现在股票高估的公司中，股票发行与错误定价显著正相关。然而，股价低估则是驱动公司股票回购的重要因素之一。Hong 等（2008）通过考察 1987 年 10 月和 2011 年 9 月 11 日之后的股票回购潮，发现了一个非常有趣的现象：回购通常集中在股票市场崩盘之后。Bonaimé 等（2014）还发现，公司通过回购调整资本结构的获益程度依赖于公司价值被低估的水平。

3. 股票错误定价对其他公司决策的影响

Baker 和 Wurgler（2004a）采用美国公司 1962—2000 年的数据检验了股利分配的迎合理论，发现公司发放现金股利的决策是为了迎合投资者对公司股票的需求，当公司股票被相对高估时，公司就会发放现金股利。Li 和 Lie（2006）通过对股利变化的研究发现了类似的结果。Baker 和 Wurgler（2004b）研究了 1978—1999 年美国上市公司的股利溢价，发现"消失的股利"现象的产生，部分是由于在此期间之前发放现金股利的公司股票估值较低。韩慧博等（2012）对我国上市公司的研究表明，管理层为了自身利益会充分利用市场的非有效定价现象来影响公司的股利行为。

另外，除股利分配决策外，股票错误定价还会影响其他的一些公司行为，如盈余管理（Bergstresser 和 Philippon，2006）、更换公司名称（Cooper 等，2005）等。

## 第二节　管理层股权激励的相关研究

管理层股权激励长期以来一直是公司金融领域中被广泛关注的话题，有关管理层股权激励的研究成果极其丰富。本书着重从管理层股权激励效应的理论争论及其研究趋势、管理层股权激励的直接效应研究、管理层股权激励的间接效应研究以及管理层股权激励对股票价格的影响四个方面，回顾国内外已有研究文献。

## 一、管理层股权激励效应的理论争论及其研究趋势

以现代企业股东所有权与管理层经营权分离的重要特征作为理论起点，代理理论认为两权分离必然产生委托代理冲突，现实世界中广泛存在的信息不对称使得这种委托代理冲突成为现实。根据最优契约理论，签订公平议价的管理层薪酬契约，设计科学合理的激励机制将是解决委托代理问题的有效手段。Jensen 和 Meckling（1976）提出管理层持股比例的增加会降低股东与管理者之间的代理成本，促进股东和管理层利益一致，继而提高公司价值。此假说一般被称为利益趋同假说（Convergence of Interests Hypothesis）。

与之相对应的壕沟效应假说（Entrenchment Hypothesis）认为，股权激励会增强经营者抵御外部压力的能力，管理层持有公司大量股份会扩大其投票权与影响力，有可能出现即使管理层的行为背离公司目标，他们的职位或报酬也不会受到任何负面影响的情形（Fama 和 Jensen，1983b）。Bebchuk 和 Fried（2003）进一步提出了管理层权力论，认为管理层股权激励不是解决代理问题的手段，而是代理问题的一部分，即股权激励并非有效的激励方式，而是管理层寻租的途径。

事实上，两种假说并不是真正的对立关系，而是同一问题的两个方面，利益趋同假说体现了股权激励的原始初衷，而壕沟效应假说则从另一方面阐释了如果没有配套的约束机制，股权激励便会背离其初衷，甚至出现相反结果的观点（徐宁和徐向艺，2010a）。由于忽视了公司特质、行业特点、地缘文化等诸多微观和宏观因素的影响，所以二者研究结论无法统一（黄虹等，2014）。

一方面，基于治理捆绑理论研究公司治理机制的相互关系及其对公司价值的影响逐渐成为检验各种公司治理机制有效性的重要研究领域

（Ghosh 和 Sirmans，2003）。公司内、外部环境中的一些因素，尤其是公司治理机制，对管理层股权激励与公司价值之间的关系存在重要影响，而这些因素本身也会受到股权激励的影响，因而两者具有互动内生性。以良好的公司治理结构作为基础与前提，股权激励才能发挥其作用。因此，近年来学者们开始越来越重视管理层股权激励的内生性问题。

另一方面，关于管理层股权激励效应的微观经济机理开始受到学者们关注。姜付秀等（2009）指出已有文献在考察管理层股权激励与公司绩效之间的关系时，内含的假设是管理层与股东的代理冲突可以综合反映在公司绩效上面。而事实上，将股权激励直接与公司绩效或公司价值挂钩是不够的，缺乏合理有效的理论解释，需要从微观层面深入分析（刘浩和孙铮，2009）。

### 二、管理层股权激励的直接效应研究

早期研究着重考察管理层股权激励对公司价值或绩效的直接影响，产生了丰富的研究成果，大致形成了以下几种观点。

（1）股权激励与公司价值（绩效）正相关：国外许多研究认为股权激励可以通过协同效应提高公司价值或公司绩效。Mehran（1995）对美国工业性企业进行实证研究后发现，高级管理层持股比例与企业经营业绩存在显著正相关关系。Hillegeist 和 Penalva（2003）比较了已实施和未实施股权激励的公司业绩，发现实施股权激励公司的业绩和增长速度更高。Kato 等（2005）发现日本公司采用股权激励后公司经营业绩有明显提升，表明股权激励计划有助于提升公司价值。Aboody 等（2010）以 1990—1996 年的 1773 家公司为样本，研究发现适当地对管理层进行股权激励，其公司的营业利润和现金流的增长幅度会高于其他

公司，即股权激励改善了公司业绩。国内许多学者在研究中国上市公司股权激励效应时提供了类似的证据，如谢德仁和陈运森（2010）、Fang等（2015）、张俊瑞等（2009），等等。

（2）股权激励与公司价值（绩效）负相关或不相关：Demsetz 和 Lehn（1985）以 1980 年美国 511 家上市公司为研究对象，通过对股权集中度进行回归分析发现，高级管理层持股与企业经营绩效之间不存在显著的相关关系。Demsetz 和 Villalonga（2001）以管理层股权激励比例和股权集中度来考察公司所有权结构，结果表明管理层股权激励比例与公司业绩不相关。Krivogorsky（2006）以 87 家欧洲上市公司为样本，考察股权激励比例与公司业绩的关系，结果表明二者不存在显著的相关关系。Duffhues 和 Kabir（2008）以荷兰 1998—2001 年上市公司的数据为样本，结果发现高管会运用权力自定薪酬而与绩效不相关。

国内学者也提供了管理层股权激励与中国上市公司价值（绩效）负相关或不相关的许多证据。陈勇等（2005）通过对样本公司股权激励计划实施前后的经营绩效进行对比研究，发现股权激励对上市公司业绩的提升具有一定的积极作用，但效果不显著。俞鸿琳（2006）则发现国有控股公司高管持股对公司业绩有消极影响。顾斌和周立烨（2007）对剔除行业影响后的上市公司高管人员股权激励效应进行实证研究后发现，我国上市公司股权激励的长期效应并不明显。程隆云和岳春苗（2008）研究指出我国上市公司股权激励从总体上来看是无效的。

（3）股权激励与公司价值或绩效存在非线性关系：Morck 等（1988）运用分段回归的方法，通过对 1980 年《财富》500 强中的 371 家公司的横截面样本分析发现，董事持股在 0～5% 时，股权与公司价值之间呈正相关；董事持股在 5%～25% 时，股权与公司价值呈负相关；在董事持股超过 25% 后，股权与公司价值呈正相关，从而验证了利益一致性假说和经营者防御性假说同时存在。Mcconnell 和 Servaes（1990）对托宾 Q 值与高管持股比例、高管持股比例平方进行回归分析结果发现，托宾 Q 值与高管持股比例显著正相关，与高管持股比例平方显著负相关，因此，得出高管持股与企业价值之间呈曲线关系的结论。Short 和 Keasey（1999）考察英国公司高管持股与企业价值的关系，也得出了类似的结论。Gugler 等（2008）研究发现了高管持股比例与公司业绩之间存在非线性的倒"U"形关系。

国内许多学者也发现了管理层持股比例与公司价值（绩效）呈非线性关系的证据。韩亮亮等（2006）研究发现高管持股比例不同引起的利益趋同效应和壕沟防守效应导致高管持股与企业价值之间呈显著的非线性关系。当高管持股比例在 8%~25%，高管持股的壕沟防守效应占主导，而小于 8% 或大于 25% 时，高管持股的利益趋同效应占主导。王华和黄之骏（2006）研究发现在考虑到经营者股权的内生性影响下，经营者股权激励和企业价值之间依然存在显著的区间效应（显著的倒"U"形关系）。其他类似的证据还有黄桂田和张悦（2008）、李新春等（2008）的研究。梅世强和位豪强（2014）研究发现高管持股的利益趋同效应与濠沟防御效应同样存在于创业板上市公司中，高管持股比例低于 20% 或高于 50% 时，利益趋同效应大于壕沟防御效应，高管持股比例在 20%~50% 时，壕沟防御效应大于利益趋同效应。

### 三、管理层股权激励的间接效应研究

刘浩和孙铮（2009）指出，将股权激励直接与公司价值或绩效挂钩是不够的，缺乏合理有效的理论解释，需要从微观层面深入分析。另

有学者从管理层对公司某些特定决策的影响角度，间接地考察了股权激励效应，即股权激励如何通过影响公司的其他行为来影响公司价值，如盈余管理、信息披露、投资决策等方面。

（一）管理层股权激励与盈余管理

股权激励对盈余管理会存在显著影响。Beneish 和 Vargus（2002）发现 CEO 出售股份前，公司财务报表上应计收支项目的可信度下降，表明 CEO 为抬高股价而进行盈余管理。Cheng 和 Warfield（2005）发现如果公司利润超过市场预期，而且股权激励力度加大，CEO 平滑盈余的概率就会上升。Burns 和 Kedia（2006）对发现美国上市公司期权占 CEO 薪酬的比重与公司错报盈余的概率呈显著的正相关关系。Efendi 等（2007）发现 CEO 期权报酬比例较高的公司更可能提出财务重述，表明股权激励与盈余管理呈正相关关系。Peng 和 Röell（2008）也发现期权报酬越多，公司盈余管理程度就越高，高管遭到股东起诉的可能性也越大。Bergstresser 和 Philippon（2006）发现 CEO 股权和期权占薪酬总额比例与可操纵应计利润之间呈显著正相关关系。苏冬蔚和林大庞（2010）根据我国资本市场独特的制度变化发现盈余管理提高了 CEO 行权的概率，表明正式的股权激励具有负面的公司治理效应。肖淑芳等（2013）、林大庞和苏冬蔚（2011）的研究也表明，股权激励诱发了盈余管理。但也有学者提出了相反的观点和证据，如 Essid（2012）认为，高管股票期权激励降低了盈余管理。

（二）管理层股权激励与信息披露

管理层股权激励可能引发公司的择时披露和虚假披露行为是管理层权力论的重要支持证据之一。Aboody 和 Kasznik（2000）的研究结果表明，在盈余宣告前接受期权的 CEO 比宣告后接受期权的 CEO 更可能发布坏消息预告，更不可能发布好消息预告。Goldman 和 Slezak（2006）

指出高管持股会激发经理层通过操纵信息来实现自身收益最大化的动机。张馨艺等（2012）发现高管持股比例越高的公司，进行择时披露的可能性也越高。Burns 和 Kedia（2006）提供的证据表明，虚假财务报告的发布与高管持有股票期权有关。

但也有证据表明，股权激励能够提高信息披露质量。Nagar 等（2003）发现，随着与股价相联系的 CEO 补偿比例和 CEO 持股价值的提高，公司信息披露水平（以管理层盈余预告频率和分析师对公司信息披露的评级度量）也相应提高。高敬忠和周晓苏（2013）以我国 A 股上市公司业绩预告为例，研究发现随着管理层持股比例和持股价值的提高，其自愿性选择的披露方式的精确性和及时性也随之提高，并更趋于稳健。马连福（2013）则发现，高管持股会提高盈余预告收益型特征（及时性和准确性）的质量，但是会降低成本型特征（具体性）的质量。

（三）管理层股权激励与投资决策

Agrawal 和 Mandelker（1987）检验了经理人持有的股票和期权与公司投资选择之间的关系，发现公司资产收益方差的变化与经理人持有证券的数量显著正相关，从而支持了管理层股权激励能够降低代理成本的观点。Aggarwal 和 Samwick（2006）认为管理层激励能够促进公司投资。Kang 等（2006）在克服了股权激励和公司投资的内生性后发现，美国上市公司的长期投资规模与高管股权薪酬比重呈显著正相关。另外，国外学者关于管理层股权激励对公司投资决策的影响还包括其他方面，如研发支出（Coles 等，2006；Ryan 和 Wiggins，2002）、并购（Bliss 和 Rosen，2001）等。

国内学者的研究主要包括股权激励对公司研发投资和资本投资的影响。国内学者大多发现公司研发投资与高管持股或股权激励正相关，如夏芸和唐清泉（2008）、刘运国和刘雯（2007）等的研究。王文华等（2014）发现，对于研发投资战略，高管持股比例较低时具有利益趋同效应，随着持股比例增加，产生管理防御效应。罗富碧等（2008）第一次研究了我国上市公司高管人员股权激励和投资决策之间的交互作用，发现高管人员股权激励对投资有显著的正向影响。吕长江和张海平（2011）发现，股权激励机制有助于抑制上市公司的非效率投资行为。汪健等（2013）发现我国实施过股权激励的中小板制造业上市公司更容易出现过度投资行为，股权激励的实施并没有显著降低中小板上市公司的代理成本。张庆和朱迪星（2014）还发现管理层持股会抑制企业的迎合投资行为。徐倩（2014）进一步发现股权激励制度有助于减少环境不确定性导致的代理矛盾，抑制过度投资，也有助于降低企业管理者风险的厌恶程度，缓解投资不足。

（四）管理层股权激励与其他公司决策

还有一些文献考察了管理层股权激励对其他公司决策的影响，如股利分配（吕长江和张海平，2012；Fenn 和 Liang，2001；Lambert 等，1989，韩慧博等，2012）、风险承担（苏坤，2015，李小荣和张瑞君，2014）、高管变更（宗文龙等，2013，Oyer 和 Schaefer，2005，Tzioumis，2008）等，从不同的微观角度考察了管理层股权激励的间接效应。

**四、管理层股权激励对股票价格的影响**

也有一些文献考察了管理层股权激励对股票价格的影响，主要体现在两个方面：一是股权激励计划宣告对股票价格的短期冲击，二是股权激励计划实施过程中管理层对行权价格的操纵。

股权激励计划宣告对股票价格的短期冲击，主要表现为股权激励计划公告事件的市场反应。早期以美国上市公司为考察对象的研究发现，股权激励计划常伴随有积极的市场反应（Morgan 和 Poulsen，2001；Defusco 等，1990）。之后许多学者考察了世界上其他国家的股票市场，发现上市公司股权激励计划的实施也具有显著的正面市场反应，如日本（Kato 等，2005）、中国（孙健和卢闯，2012；李曜，2009；肖淑芳等，2009）。

对行权价格的操纵是股权激励计划影响股票价格的另外一个方面。基于美国资本市场的研究普遍认为，管理层通过时机选择或回溯操纵行权价格，攫取私人利益（Liu 等，2014；Aboody 和 Kasznik，2000；Collins 等，2009；Heron 和 Lie，2007；Veenman 等，2011；Yermack，1997）。国内的相关研究还处于起步阶段。王烨等（2012）以 2005—2011 年公告或实施股权激励计划的上市公司为样本，发现管理层权力越大，股权激励计划中所设定的初始行权价格就相对越低；而且，相对于非国资控股公司，国资控股公司的行权价格更低。陈艳艳（2014）研究发现管理层对行权价格的操纵表现在对股权激励计划草案公布日的时机选择上，公布日之前股票价格下跌，公布日之后股票价格上涨。进一步地，高管激励份额越高，公司治理水平越低，则行权价格被操纵的可能性越高。

在最近的一篇研究中，王生年和朱艳艳（2017）以 2006—2015 年 A 股上市公司为样本，系统分析了股权激励对资产误定价的影响及其内在作用机制。实证研究发现，高管股权激励强度与资产误定价显著正相关，且股权激励对资产误定价的影响存在不对称性，相对于负向资产误定价，股权激励对正向资产误定价的影响更为显著；盈余管理在股权激励对资产误定价的影响中发挥了部分中介作用，股权激励通过对盈余管理的影响加剧了资产误定价。结论表明，股权激励会增加管理层盈余操控的机会主义行为，这种行为放大了投资者与上市公司间的信息不对称，最终加剧了资产误定价①。

## 第三节　简要评论

综上所述，已有研究主要从市场层面的公司外部因素探讨股票错误定价的产生及其影响，较少从公司内部角度考察资本市场错误定价。事实上，由于股票错误定价会对公司行为产生重要影响，作为公司决策者和执行者的管理层有动机而且有能力影响股票错误定价，进而影响公司决策以实现自身利益最大化。国外虽有学者开始关注公司内部因素如代理成本等对股票错误定价的影响，但仍然缺乏系统完善的理论分析框架和充足的实证证据。同时，作为新兴市场的典型代表，我国资本市场股票错误定价现象更为普遍，国内相关研究鲜见从公司内部角度考察股票错误定价的形成及其影响。

另外，有关管理层股权激励效应的研究并未形成一致结论，并且缺乏股权激励效应外化为市场表现的相关实证证据。尽管有文献从市场反应和行权价格操纵角度探讨了管理层股权激励对股票价格的影响，但对于这种影响是否会导致错误定价以及管理层股权激励影响资本市场错误定价的具体机制和路径缺乏深入分析和实证检验，尚不能为从公司内部角度理解资本市场错误定价提供直接证据。

基于此，本书以行为公司金融最新的研究前沿作为理论背景，以管

① 需要特别说明的是，该研究与本书作者关于该主题的研究方法和研究结论非常一致，但两项研究之间无任何关联，原因如下：一是本书是作者 2015 年国家自然科学基金青年项目"管理层股权激励对资本市场错误定价的影响及其监管研究"的研究成果，即本书作者的研究主题在此之前即已确立；二是本书作者在对股票错误定价的度量和中介变量的选取上与王生年和朱艳艳（2017）有很大不同。有趣的是，两份在研究变量和样本区间存在很大不同的研究得出了非常一致的结论，更加印证了本书研究结论的稳健性和可靠性。

理层股权激励作为分析视角，构建公司内部因素影响股票错误定价的分析框架，试图补充和完善已有研究，也为从市场估值角度深化和理解管理层股权激励效应提供新的视角。

# 第四章
# 管理层股权激励与股票错误定价：
# 理论分析

在非有效的资本市场中，股票价格时常会偏离公司内在价值，产生错误定价。作为资产定价的异象之一，股票错误定价受到国内外学者的广泛关注。中国市场作为新兴资本市场的典型代表，市场完善程度和定价效率远低于成熟市场，因而股票错误定价异象尤为常见。行为金融学家们认为，一切无法被风险解释的超额收益都来自错误定价，并为此提出了许多证据。例如，Stambaugh 和 Yuan（2017）提出了包含错误定价因子的四因素模型，认为该模型比 FF 三因素模型和五因素模型具有对市场异象更强的解释能力。Walkshäusl（2016）发现，FF 五因素模型无法解释 Hirshleifer 和 Jiang（2010）提出的系统错误定价因子 UMO（Undervalued Minus Overvalued）。

对于股票错误定价的产生原因，已有文献提出了多种解释。一方面，投资者非理性及其导致的行为偏差是产生错误定价的重要原因之一（Nadler 等，2017；胡昌生和池阳春，2013）；另一方面，金融市场的不完备也会加剧投资者的决策偏差和非理性行为，从而导致股票错误定价，如信息不对称（Zhang，2006；Nanda 和 Narayanan，1999）、以卖空限制为代表的交易机制不完善（Miller，1977；Scheinkman 和 Xiong，2003；李科等，2014），等等。尽管文献提供了大量证据表明公司外部的市场因素会导致股票错误定价，但对公司内部因素的影响未给予足够的重视。Pantzalis 和 Park（2014）的研究开创性地从公司内部角度探讨了错误定价的产生，发现错误定价与公司内部的代理成本显著正相关，并且偏离最优水平的股权激励会加剧代理成本对股票错误定价的影响。因此，股票错误定价并非只导源于市场因素，也可能是公司内部利益冲突和激励问题导致的结果。

股权激励作为公司内部的重要治理机制，与管理层利益密切相关。在上市公司实施股权激励的过程中，管理层有动机且有能力影响资本市场错误定价，进而影响公司决策行为以实现自身利益最大化，由此引发我们思考管理层股权激励是否以及怎样对股票错误定价产生影响。合理的股权激励措施通过将管理层利益与股东利益有效绑定，进而可能对股票错误定价产生正面影响，促进上市公司股票价格或市场价值回归并体现公司内在价值。但偏离最优水平的股权激励机制可能促使管理层利用、迎合甚至鼓励和"制造"股票错误定价，从而导致更大的错误定价。本章我们从上市公司内部代理问题入手，从理论上分析股票错误定价与管理层利益的关系，继而探讨在内部利益协调中处于核心位置的管理层股权激励对股票错误定价的影响。

## 第一节　我国上市公司管理层代理问题的存在性

现代公司制度最重要的特征之一就是公司经营权和所有权的两权分离。在此背景下，公司管理层具有谋求自身收益最大化的强烈动机，通过构建"商业帝国"（Jensen 和 Meckling，1976）、过度投资（Richardson，2006）、在职消费（Jensen 和 Meckling，1976）等获取显性的货币收益或隐性的业界声誉等，从而产生公司股东与管理层之间的利益冲突。这种利益冲突通常被称为第一类代理问题，并且被传统公司治理理论认为是现代公司最主要的代理问题。由此，当股权集中到一定程度时，大股东有足够的权力控制上市公司，继而能够有动力和能力约束管理层的机会主义行为，缓解第一类代理冲突。

在 20 世纪 70 年代之前，分散的所有权结构是许多大型公司的典型特征。然而，自 70 年代以后，现代公司的所有权结构呈现出越来越集中的现象，无论是发达国家还是发展中国家，大股东控制现象都不同程度地存在于上市公司中。许多研究提供了大股东控制普遍存在的经验证据，如 Claessens 等 (2000)、Faccio 和 Lang (2002) 以及 La Porta 等 (1999) 的研究。与此同时，一系列关于所有权结构方面的研究对传统的所有权结构的公司治理结构提出了质疑，Shleifer 和 Vishny (1997) 发现股权集中度较高的上市公司中，控股股东与中小股东之间的利益冲突变成了企业最基本的代理冲突，即产生了第二类代理问题。他们认为，当大股东的所有权超过某一临界点继而能够完全控制整个公司时，就能够获取小股东无法得到的控制权私有收益。

从近年国内的相关研究来看，尽管学者们对中国上市公司第二类代理冲突的关注如火如荼，但并不意味着第一类代理问题已经解决，相反随着中国资本市场相关法规的不断完善，大小股东的利益关系得到不断改善，而股东与管理层之间的利益冲突却越来越突出（姜付秀等，2009）。事实上在中国的上市公司中，上述两类代理问题似乎兼而有之（魏志华等，2012），尤其在国有企业和家族企业中表现得更为突出。首先，从我国资本市场的发展实践来看，我国大部分上市公司由国有企业改制而来，由于法律体系的不完善和监督力度的薄弱，管理层利用计划经济解体后留下的真空对企业实施强有力的控制，在某种程度上成为上市公司的实际所有者，出现了较为严重的管理层代理问题（罗宏和黄文华，2008）。另外，政府作为国有上市公司的控股股东，出于确保经济增长、解决就业、维护社会稳定等目的，往往会扭曲国有上市公司利润最大化的经营目标，客观上产生"掏空"上市公司的行为，产生与中小股东之间的利益冲突，如关联交易、过度投资等。其次，家族上市公司也存在着明显的两类代理冲突。正如魏志华等（2012）所论述的，家族控制虽然可以带来更有效的管理和经理人监督，但对家族股东肆意挥霍公司资源缺乏有效监督，以及缺乏竞争力的家族成员占据关键领导岗位导致家族公司缺乏决策效率，可能会加剧第一类代理冲突；同时家族股东和其他控股股东一样具有侵害外部股东利益以攫取控制权私利的动机，从而产生严重的第二类代理冲突。

显然，管理层与股东之间客观存在的代理冲突，必然会影响作为公司政策主要制定者和执行者的管理者的目标函数，最终影响上市公司决策。但前提是，管理层具有对企业决策制定过程的影响力和对决策执行过程中资源的控制力，这主要体现为公司内部管理层权威的大小和地位的高低，即管理层权力的强弱。

以股东和管理层之间的代理问题为分析起点，管理层权力论质疑最优契约论关于薪酬激励能够缓解管理层代理问题的观点，认为董事会不能完全控制管理层薪酬契约的设计，在缺乏有效监督的情况下，管理层有能力影响自己的薪酬并运用权力寻租（Bebchuk 等，2002）。Bebchuk和 Fried（2003）从公司薪酬契约的决定出发，系统阐述了管理层权力的存在及其对薪酬契约的影响，指出管理层权力泛指管理层对公司治理体系（包括决策权、监督权以及执行权）的影响能力，这种权力会对管理层薪酬契约造成影响，使其偏离最优水平，并损害了薪酬契约的有效性。权小锋等（2010）进一步将管理层权力诠释为管理层执行自身意愿的能力，这种能力的形成体现了剩余控制权的扩张特性，它一般是在公司内部治理出现缺陷、外部缺乏相应制度约束的情况下，管理层所表现出超出其特定控制权范畴的深度影响力。卢锐等（2008）认为公司治理越弱，管理层权力越大，在公司治理存在缺陷、内外部约束机制不健全的情况下，管理层就可能凌驾于公司治理机制之上，拥有超越其特定控制权范围的深度影响力。许多研究发现，管理层权力会对公司政策产生重要影响，比较典型的有薪酬契约的确定（Morse 等，2011；权小锋等，2010）、公司投资决策（Glaser 等，2013；傅顾等，2014；张晓峰等，2018；谢佩洪和汪春霞，2017）等。

综上所述，在我国上市公司中，管理层与股东之间的利益冲突仍然是基本的代理问题之一。从逻辑的合理性上来说，当公司管理层与股东及上市公司出现利益不一致时，理性的管理层通常会以股东和上市公司利益为代价而追求自身利益最大化。而当管理层拥有足够大的权力以影响公司决策和配置公司资源时，管理层实施追求私利的机会主义行为得以可能。

## 第二节　管理层影响股票错误定价的动机

Baker 和 Wurgler（2013）在一篇行为公司金融理论综述中用一个简单的模型刻画了理性管理者的目标函数。基于管理者理性和投资者非理性的分析框架，在面对非有效市场中投资者非理性产生的市场错误定价时，理性的管理者需要对公司价值最大化、短期股票价格最大化和长期投资者利益最大化三个目标进行权衡，最终导致产生于投资者非理性的错误定价通过两个渠道影响公司投融资等决策行为，即股权融资渠道（Baker 等，2003）和理性迎合渠道（Polk 和 Sapienza，2009）。然而现有理论分析框架的一个重大不足在于，忽视了现代公司中客观存在的管理层与股东之间的代理冲突对理性管理者决策的影响，从而不能准确揭示管理层利用投资者非理性进行投融资决策的背后动机。上文已经述及，现代公司中股东所有权与管理层经营权的分离必然导致委托代理冲突，现实世界中广泛存在的信息不对称使得这种委托代理冲突成为事实，从而使当管理层的诉求与公司长期价值和股东长期利益不能达成一致时，管理层具有强烈的迎合、维持甚至拉升短期股票价格的动机，继而产生股票错误定价。

首先，股票市场常被认为是监督上市公司管理层的一个重要渠道，股票价格可以视作评价管理者能力的重要参考。Strobl（2014）认为股票价格通过加总外部分散的投资者的信息，为公司提供了无法从其他渠道（如会计数据等）进行的对管理层绩效的度量。现有研究表明，公司股票价格或市值波动是影响高管变更与升迁的重要因素。公司更换高管的概率与其股价表现显著相关。股价下跌不仅会被资本市场解读为上市公司经营不善，而且直接会导致股东利益受损。Gilson（1989）发现，由于经营不善导致股东利益受损而离开公司的管理者一旦失去工作，在随后至少三年的时间里被其他上市公司聘请的难度将显著增加。同时，公司股价下跌为其他市场参与者发起控制权转移交易提供了更大的便利。而一旦公司发生控制权转移，被接管公司的管理层离职概率也将显著提高（Hadlock 等，1999）。

在股权分置条件下，由于国有股不能流通，衡量国有控股上市公司保值增值的指标主要为净资产，股改的完成为市值取代净资产创造了条件。伴随着股改完成，市值管理理念在我国资本市场得到大力倡导，并成为上市公司、股东、证券市场乃至宏观经济管理者关注的焦点，市值作为上市公司经营好坏的综合体现和资本的新标杆（施光耀等，2008），被上市公司利益相关者和监管机构用来作为考核管理层的重要指标①。从发展趋势看，市值管理将成为全流通环境下上市公司必须面临的重要新课题，特别是对国有上市公司实施市值考核将成为必然趋势。通过市值考核引领上市公司实施市值管理，符合新兴资本市场发展规律，有利于上市公司在市值信号的指导下优化资源配置，建立现代企业制度。由此，上市公司将管理层绩效与公司股价相联系的考核体系，会促使管理层实施有利于维持股价的财务决策，以迎合考核需求或避免卸职。李旎等（2018）认为，市值波动可能直接影响管理层的职位安全与职业发展，因此，在资本市场及经理人市场有效的情况下，公司市值显著影响管理层变更的概率，促使管理层通过积极的市值管理降低被解雇的风险。

当然，市值管理并不等同于"股价管理"或"股价操纵"。然而，当以促进公司市值持续健康稳定增长为目的的市值管理目标难以达到时，对于理性的管理者来说，为满足考核需求或避免职业风险，采用各种手段进行"股价管理"甚至"股价操纵"也就不足为奇。事实上，此类案例在中国资本市场并不鲜见②。因此，从应对考核或职业安全角度来说，管理层完全有动机去影响上市公司短期股票价格。

其次，2005 年底《上市公司股权激励管理办法（试行）》发布后，

---

① 2005 年 9 月，国资委在《关于上市公司股权分置改革中国有股股权管理有关问题的通知》中明确提出，要将市值纳入国资控股上市公司的考核体系中。同年 11 月，国务院国资委、证监会、财政部等五部委召开的股权分置改革试点工作小结暨动员会上，国资委负责人首次提出了市值管理的体制问题和考核机制，指出要建立国有资产市值管理体制，明确提出国有控股股东的市值考核问题。2006 年 5 月，时任国资委副主任黄淑和表示，要积极研究把上市公司市值纳入考核办法。

② 2014 年底，证监会通报了 18 例涉嫌市场操纵案，对以伪市值管理方式牟利的市场主体敲响监管警钟。其中，部分股票涉嫌"以市值管理名义内外勾结，通过上市公司发布选择性信息配合等新型手段操纵股价"等行为。

股权激励计划作为我国真正意义上的股权激励制度，开始受到上市公司的青睐并被越来越多的上市公司所实施。股权激励直接改变了管理层的薪酬结构，为管理层提供了另外一种形式的薪酬收益，强化了管理层利益与公司股票价格之间的关联性。对于企业管理者来说，与股票短期价格表现挂钩的激励方式、增加自身控制权收益和希望被留任等动机，往往激励管理者关注股票短期价格（朱朝晖，2013）。

我国上市公司实施的股权激励计划中，股票期权和限制性股票是最主要的两种激励标的物。其中，前者主要通过授予看涨期权的方式，激励管理层在达到行权条件后按既定行权价格买入一定数量的公司股票获得激励价值；后者虽然在具体操作上与股票期权存在一定差异，但 Jr. Smith（1976）指出可将限制性股票视为公司资产价值的看涨期权。由此，我国上市公司管理层获得股权激励收益的必要条件就是公司股票价格的上涨，从而促使管理层有动机维持甚至拉升短期股票价格，可能导致股票价格被高估而偏离其基本价值。

## 第三节 股权激励、管理层代理冲突与股票错误定价

资本市场本质上是个信息市场，股票价格汇集和传递了来源不同的各种信息。投资者赖以估值的信息质量较差，或者缺乏获得高质量信息的渠道，可能加剧投资者之间的意见分歧，也可能导致投资者产生盲目跟风行为，亦或致使投资者的投资决策受制于市场流言、媒体消息等信息渠道。首先，信息传递渠道不畅致使投资者获得的信息有差异，加重了对股票未来收益预期的差异，导致股票价格对真实价值的偏离（陈国进等，2009）。较好的信息披露则有助于降低资本市场的估值偏误（徐寿福和徐龙炳，2015a）。其次，信息质量也会通过作用于投资者的认知，影响股票价格对其基本价值的反映。Cornell 等（2017）发现高

质量的会计信息能够减轻与情绪相关的股票错误定价。由于会计收益信息是投资者赖以估值的最重要信息，因此，管理层的盈余管理行为会导致股票错误定价（Xie，2011）。基于这个逻辑，Polk 和 Sapienza（2009）甚至直接采用可操控性盈余作为股票错误定价的代理变量。刘宝华等（2016）发现我国上市公司股权激励计划实施过程中，持有可行权期权和非限制性股票的高管最偏好应计盈余管理，其主要目的就是抬高股价。因此，信息质量较差和信息渠道不畅会加剧投资者认知偏差和决策非理性倾向，促使股票价格偏离其基础价值，产生错误定价。

进一步来说，上市公司内部代理问题的存在，往往会诱发管理层操纵信息披露或进行盈余管理等，从而降低公司信息透明度和股价信息含量，导致股票错误定价。在信息不对称程度给定的前提下，管理层代理冲突会加剧上市公司透明度的缺失（Pantzalis 和 Park，2014）。基于这个逻辑，Pantzalis 和 Park（2014）推断并检验发现，上市公司内部的管理层代理问题也会导致股票错误定价，并且股票错误定价与管理层代理成本显著正相关，偏离最优水平的股权激励可能导致更大的错误定价，从而说明了股票错误定价不仅是由市场唯一决定的，也有可能是公司内部利益冲突和激励问题导致的结果。

股权激励通过授予股权促使被激励者与公司利益共享、风险共担，绑定管理层与股东的利益，从而形成对管理层的有效激励。许多有关股权激励的研究和实践均表明，股权激励是有效缓解管理层与股东利益冲突的"金手铐"，能够促进管理层与股东利益一致，继而提高公司价值，形成利益协同效应（Jensen 和 Meckling，1976）。然而，另一些学者提出，股权激励也可能是管理层实施机会主义行为的"金手套"。在不完善的公司治理结构下，管理层实质上成为其薪酬制定的控制者，使得旨在降低代理成本的股权激励机制实际上成为管理层寻租的工具，从而产生堑壕效应（Bebchuk 和 Fried，2003）。股权激励不仅改变了管理层的薪酬结构，强化了管理层利益与股票价格之间的关联性，同时也会改变管理层的风险偏好，影响管理层的动机和行为。

缓解股东与管理层之间的代理冲突是理论上上市公司实施股权激励的初衷，而股权激励实践的结果则是缓解或加剧管理层代理冲突两种可能性。因此，从根本上说，股权激励对股票错误定价的影响是通过其对管理层代理冲突的影响产生作用，其影响性质最终取决于股权激励是改善公司治理、降低代理成本的手段，还是沦落为管理层机会主义的工具。

## 第四节　本章小结

现代公司中在事实上普遍存在着双重代理问题，即既存在股东与管理层之间的利益冲突，也存在大股东与小股东之间的利益冲突。当管理层的利益与公司长期价值和股东长远利益不能达成一致时，管理层存在强烈的动机在经营管理过程中实现自身利益最大化。由于股票价格会关系到管理层的薪酬收益、职业声誉和职位风险，理性的管理者通常会通过影响上市公司信息披露政策、盈余管理、迎合投资等手段，维持甚至加剧非有效的资本市场中投资者非理性引致的股票错误定价。

作为旨在缓解股东与管理层之间代理冲突的股权激励，在实践中可能会有效发挥治理功能，但也可能会增强经营者抵御外部压力的能力，管理层持有公司大量股份会扩大其投票权与影响力，反而可能使得股权激励沦为管理层攫取私有收益的机会主义手段。在此情况下，股权激励对管理层代理问题的影响最终会反映到股票的市场表现中：当股权激励能够有效缓解股东与管理层之间的利益冲突时，则会通过降低管理层代理成本而抑制股票错误定价；反之，当股权激励恶化了管理层代理问题时，则会通过提高管理层代理成本而加剧股票错误定价。

# 第五章
# 管理层股权激励对股票错误定价的
# 实际影响检验

股票错误定价会影响公司决策行为，上市公司股权激励实施过程中管理层有动机且有能力通过影响股票错误定价，进而影响公司决策以实现自身利益最大化。因此本书首先基于中国市场的数据，检验管理层股权激励是否会影响股票错误定价，以及股权激励对股票错误定价的实际影响究竟是正面影响还是负面影响。接着，本书根据股票错误定价的形态将其划分为股价高估和股价低估两种类型，进一步考察管理层股权激励对两种形态股票错误定价的差异化影响。

## 第一节　研究假设

管理层股权激励对股票错误定价的影响性质，最终取决于其是治理管理层与股东之间代理冲突的有效工具，还是沦为管理层以上市公司和股东利益为代价、掏空上市公司的机会主义手段。然而，现有文献关于管理层股权激励效应一直存在争论，存在三种主要观点。

一是利益协同假说（Convergence of Interests Hypothesis）。Jensen 和 Meckling（1976）提出管理层持股比例的增加会降低股东与管理层之间的代理成本，促进股东和管理层利益一致，继而提高公司价值。早期许多国外文献提供了支持利益协同假说的直接经验证据，认为公司价值或公司绩效与管理层股权激励正相关，如 Mehran（1995）、Hillegeist 和 Penalva（2003）、Kato 等（2005）和 Aboody 等（2010），等等。谢德仁和陈运森（2010）、张俊瑞等（2009）等国内许多学者在研究中国上市公司股权激励效应时也提供了类似的证据。

同时，管理层股权激励还可以通过影响公司行为来提高公司价值，包括降低盈余管理（Essid，2012），提高信息披露质量（Nagar 等，2003；高敬忠和周晓苏，2013；马连福等，2013），提高研发支出（Coles 等，2006；Ryan 和 Wiggins，2002；夏芸和唐清泉，2008），抑制公司迎合投资或非效率投资（吕长江和张海平，2011；徐倩，2014；张庆和朱迪星，2014），提高公司股利支付水平以降低公司过度的自由现金流（Aboody 和 Kasznik，2008），通过择时发行再融资来提高已有股东的利益（Brisker 等，2014）等。

二是堑壕效应假说（Entrenchment Hypothesis）。该假说认为，股权激励会增强经营者抵御外部压力的能力，管理层持有公司大量股份会扩大其投票权与影响力，可能出现即使管理层的行为背离公司目标而其职位或报酬并不会受任何负面影响的情形（Fama 和 Jensen，1983）。Bebchuk 和 Fried（2003）进一步提出管理层权力论，认为管理层股权激励不是解决代理问题的手段，而是代理问题的一部分。比如，当经理人的目标是最大化其个人财富，并且经理人与股东关于股票价格的意见存在分歧时，提供股权激励可能并不是解决代理问题的恰当方式（Grundy 和 Li，2010）。许多研究者发现，公司价值或绩效与管理层股权激励呈负相关或不相关的证据存在于世界各国的资本市场中，如美国（Demsetz 和 Villalonga，2001）、欧洲（Krivogorsky，2006）、荷兰（Duffhues 和

Kabir，2008）、中国（顾斌和周立烨，2007；俞鸿琳，2006）等。

不仅如此，股权激励可能会诱发许多管理层机会主义行为。比如，股权激励可能会引发盈余管理行为（Bergstresser 和 Philippon，2006；Burns 和 Kedia，2006；Cheng 和 Warfield，2005；Peng 和 Röell，2008）。苏冬蔚和林大庞（2010）根据我国资本市场独特的制度变化发现盈余管理提高了 CEO 行权的概率，表明正式的股权激励具有负面的公司治理效应。林大庞和苏冬蔚（2011）、肖淑芳等（2013）的研究也表明，股权激励诱发了盈余管理。再如，管理层股权激励可能引发公司的择时披露和虚假披露行为（Aboody 和 Kasznik，2000；Burns 和 Kedia，2006；Goldman 和 Slezak，2006；张馨艺等，2012）。Armstrong 等（2013）发现，当管理层不倾向于风险规避时，股权激励容易导致管理层的虚假报告。另外，De Cesari 和 Ozkan（2015）还发现许多欧洲国家的上市公司管理层为避免股票期权价值下降而减少公司股利的支付。

三是协同效应与堑壕效应并存。许多文献发现，公司价值或公司绩效与管理层股权激励存在非线性关系。作为早期代表性的文献，Morck 等（1988）发现当董事会成员持股比例低于 5% 或超过 25% 时，以托宾 Q 度量的公司绩效与董事会成员持股比例呈正相关关系；而当董事会成员持股比例介于 5% ~ 25% 时，公司绩效与董事会成员持股比例呈负相关关系。Gugler 等（2008）研究发现了高管持股比例与公司业绩之间存在非线性的倒"U"形关系。Coles 等（2012）采用结构模型控制了内生性问题，同样发现管理层持股比例与托宾 Q 存在倒"U"形关系。国内许多学者也发现了管理层持股比例与公司价值（绩效）呈非线性关系的证据，如黄桂田和张悦（2008）、梅世强和位豪强（2014）等。从管理层股权激励影响公司决策的角度，支持两种效应同时存在的经验证据也不乏存在。吕长江等（2009）研究发现，上市公司设计的股权激励方案既存在激励效应又存在福利效应。王文华等（2014）则发现，对于研发投资战略，高管持股比例较低时具有利益趋同效应，随着持股比例增加，产生管理防御效应。另外，李小荣和张瑞君（2014）还发现股权激励与风险承担呈倒"U"形关系。

综上所述，已有研究对于股权激励是否能够产生积极的治理效应并无定论。事实上，股权激励存在于复杂的公司系统中，并不是独立存在的变量，股权激励效应的发挥不仅取决于其契约要素的设计，而且还受到公司特征、公司治理、外部环境等公司内外部因素的影响。因此，对于我国上市公司而言，管理层股权激励既可能有效缓解股东与管理层之间的利益冲突，降低管理层代理成本，也有可能加剧股东与管理层之间的利益冲突而提升管理层代理成本。在信息不对称程度给定的前提下，管理层代理成本的提高会诱发盈余管理、择时披露或虚假披露等，继而加剧上市公司透明度的缺失，最终影响上市公司股票估值。Pantzalis 和 Park（2014）提供的证据表明，股票错误定价与管理层代理成本呈显著正相关。

为此，本书提出如下两个竞争性的研究假设：

$H_{1a}$：其他条件不变的情况下，上市公司股票错误定价与管理层股权激励的实施及力度显著正相关；

$H_{1b}$：其他条件不变的情况下，上市公司股票错误定价与管理层股权激励的实施及力度显著负相关。

## 第二节　实证研究设计

### 一、样本筛选与数据来源

本书选取 2007—2017 年中国 A 股上市公司股权分置改革以后的样

本作为研究对象①，按照以下程序进行样本筛选：（1）由于金融类上市公司财务数据和会计处理的特殊性，本书不失一般性地剔除金融类行业的公司样本；（2）由于交易规则的差异对股票估值的影响，本书剔除ST、＊ST 等被特别处理的样本；（3）为避免多个市场估值的相互影响，本书剔除同时发行 A 股和 B 股、H 股及其他外资股的样本；（4）考虑到 IPO 对上市公司市场估值的影响及 IPO 前后公司各方面的差异，本书剔除了上市不足一年的样本；（5）为消除极端业绩的影响，本书参照张东旭等（2016）的做法，剔除了资产负债率大于 1 且主营业务收入增长率大于 1.5 的样本；（6）剔除数据存在缺失值的样本。最后我们得到 12990 个公司—年度观测值，检验股权激励对股票错误定价的影响。本章上市公司财务数据、公司治理数据以及股票价格数据等，来源于 CSMAR 数据库和 Wind 资讯数据库。

## 二、变量选取

### （一）被解释变量

本书参照 Pantzalis 和 Park（2014）、徐寿福等（2016）的做法，采用 Rhodes‐Kropf 等（2005）提出的市账比分解方法，构建度量上市公司股票错误定价的变量 $Mis$。首先，将公司市值账面比（M/B）做以下分解：

$$\mathrm{Ln}(M/B) = m - b \equiv (m - v) + (v - b) \tag{5.1}$$

式中，$m$、$v$ 和 $b$ 分别是公司市场价值 $M$、基础价值 $V$ 和账面价值 $B$ 的自然对数。显然，假定在公司内在价值能够被观测且被完美地度量的情

---

① 2007 年 1 月 1 日起实施的《企业会计准则》使得上市公司前后财务数据存在较大差别，为避免数据采集和使用导致的偏差，本书选择的样本期间从 2007 年开始。

形下，如果市场能够完美地预期公司未来的成长机会、贴现率和现金流，那么 $M/B$ 就不存在任何的定价偏误，$m-v$ 总是等于 0，$v-b$ 总是与 Ln（$M/B$）一致。然而市场总是会在贴现现金流的估计过程中犯错（Rhodes – Kropf 等，2005），$m-v$ 将可以体现 Ln（$M/B$）的错误定价成分。

为估计公司 $t$ 时期的基础价值 $v$，Rhodes – Kropf 等（2005）构建了以下回归模型：

$$\mathrm{Ln}(M)_{it} = \alpha_{0jt} + \alpha_{1jt}\,\mathrm{Ln}(B)_{it} + \alpha_{2jt}\,\mathrm{Ln}(NI)^{+}_{it}$$
$$+ \alpha_{3jt}\,I_{(<0)}\,\mathrm{Ln}(NI)^{+}_{it} + \alpha_{4jt}\,LEV_{it} + \varepsilon_{it} \tag{5.2}$$

式中，$M_{it}$ 为公司 $i$ 在 $t$ 期末的市场价值；$B$ 为公司总资产账面价值；$(NI)^{+}_{it}$ 是公司 $i$ 在 $t$ 期的净利润绝对值；$I_{(<0)}$ 是公司净利润为负时的示性函数，当公司 $t$ 期净利润为负时取值 1，否则取值 0；$LEV$ 为公司总负债率。通过式（5.2）的回归获得系数 $\{\alpha_{0jt}, \alpha_{1jt}, \alpha_{2jt}, \alpha_{3jt}, \alpha_{4jt}\}$，在此基础上对同行业各期的回归系数进行平均获得各行业的估计式，将公司各期的数据代入所属行业的估计式，估计出各公司各期的长期基础价值 $v(\theta_{it}; \alpha_j)$。最后，计算公司股票错误定价：

$$Mis_{it} = \mathrm{Ln}(M/V)_{it} = m_{it} - v_{it} \tag{5.3}$$

（二）解释变量

借鉴徐寿福（2017）、邹颖等（2015）的做法，本书从定性和定量两个维度刻画管理层股权激励。一是从定性维度设置虚拟变量 $IP$ 当上市公司实施股权激励计划后取值 1，否则取值 0；二是从定量角度，参考杨志强等（2016）的做法，采用 Bergstresser 和 Philippon（2006）提出的方法估算上市公司管理层股权激励强度 $Incent$：

$$Incent_{it} = \frac{1\% \times Price_{it} \times (Shares_{it} + Options_{it})}{1\% \times Price_{it} \times (Shares_{it} + Options_{it}) + Cashpay_{it}} \tag{5.4}$$

式中，$Price_{it}$ 为公司 $i$ 在 $t$ 年末的股票收盘价，$Shares_{it}$、$Options_{it}$ 和 $Cashpay_{it}$ 分别为公司 $i$ 在 $t$ 年末管理层所持有的股票数量、期权数量和包括工资和奖金在内的现金薪酬总额。式（5.4）度量了管理层能够通过股票和期权所获得的激励收益占其总薪酬的比例。

（三）控制变量

本书参照 Pantzalis 和 Park（2014）、Polk 和 Sapienza（2009）、游家兴和吴静（2012）的做法，设置了公司规模 $Size$、财务杠杆 $Lev$、公司年龄 $Age$、公司成长性 $Growth$、盈利能力 $ROA$、经营现金流 $Cash$、产权性质 $State$、第一大股东持股比例 $First$、股权制衡度 $Z_5$、机构投资者持股比例 $Insthld$、管理层持股比例 $Mnghld$、董事会规模 $Bsize$、独立董事占比 $Indrct$、董事长与总经理两职合一 $Dual$ 和管理层货币薪酬 $Salary$ 等变量，以控制公司基本特征和治理结构对股票错误定价 $Mis$ 的影响。同时，本书还控制了行业和年度的影响。

具体变量名称及定义方法如表 5-1 所示。

表 5-1　　　　　　　　变量名称、定义及计算方法

| 变量 | | 名称 | 定义及计算方法 |
|---|---|---|---|
| 被解释变量 | $Mis$ | 股票错误定价 | 参考 Rhodes-Kropf 等（2005）的做法，具体见正文 |
| 解释变量 | $IP$ | 股权激励计划 | 上市公司实施股权激励计划后取值 1，否则取值 0 |
| | $Incent$ | 股权激励力度 | 见式（5.4） |
| 控制变量 | $Size$ | 公司规模 | 公司总资产的自然对数 |
| | $Lev$ | 总负债率 | 总负债/总资产 |
| | $Age$ | 公司年龄 | （1＋年度－公司建立年份）的自然对数 |
| | $Growth$ | 营业收入增长率 | （年末营业收入－年初营业收入）/年初营业收入 |
| | $ROA$ | 总资产回报率 | 净利润/总资产 |

续表

| 变量 | | 名称 | 定义及计算方法 |
|------|------|------|----------------|
| 控制变量 | *Cash* | 经营现金流 | 经营活动产生的现金流量净额/总资产 |
| | *State* | 产权性质 | 当上市公司为国有上市公司时取值1，否则取值0 |
| | *First* | 股权集中度 | 第一大股东持股比例/总股本 |
| | $Z_5$ | 股权制衡度 | 前五大股东持股比例/第一大股东持股比例 |
| | *Insthld* | 机构持股比例 | 机构投资者持股数/总股本 |
| | *Mnghld* | 管理层持股比例 | 董监高等管理层持股比例总数/总股本 |
| | *Bsize* | 董事会规模 | 董事会人数的自然对数 |
| | *Indrct* | 独立董事比例 | 独立董事人数/董事会人数 |
| | *Dual* | 两职合一 | 当董事长和总经理两职合一时取值1，否则取值0 |
| | *Salary* | 管理层薪酬 | 管理层薪酬总额的自然对数 |

### 三、计量模型构建

本书构建如下多元回归模型来检验上市公司股权激励计划的实施和力度对股票错误定价的影响：

$$Mis_{it} = \beta_0 + \beta_1 Plan_{i,t-1} + \sum \gamma_j Control_{j,t-1} + \varepsilon_{it} \qquad (5.5)$$

式中，*Plan* 分别为变量 *IP* 和 *Incent*，从定性和定量两个维度度量管理层股权激励。

## 第三节　实证结果分析

### 一、描述性统计及相关系数

表 5-2 给出了变量的描述性统计。*Mis* 的均值为 0.072，表明样本

期间总体上而言我国上市公司股票存在一定程度的高估。通过 *IP* 和 *Incent* 的均值可以看出，实施股权激励计划的观测数占样本内总数的比例约为 19.4%，管理层能够通过股票和期权所获得的激励收益占其总薪酬的比例约为 11.5%。表 5 - 2 还给出了样本公司特征的大致描述：总资产规模平均约为 37.5 亿元人民币，平均负债率约为 45.7%，公司年龄平均约为 16.5 年，营业收入增长率平均约为 11.4%，总资产收益率平均约为 4%，每年经营活动产生的现金流量净额占总资产的比重平均约为 4.5%。从样本公司的股权特征和治理特征来看，国有上市公司样本占比约为 47%，样本公司第一大股东持股比例约为 35.3%，前五大股东持股之和平均约为第一大股东持股的 1.6 倍，体现了我国上市公司股权集中度较高的典型特点。机构投资者持股比例和管理层持股比例的均值分别约为 7.2% 和 8.9%。董事会规模平均约为 9 人，独立董事平均约占董事会人数的 37%，有大约 21% 的样本公司中董事长与总经理两职合一由一人担任。另外，管理层货币薪酬总额平均约为 340 万元人民币。由表 5 - 2 可以看出，样本公司股票错误定价、股权激励强度、公司特征和治理结构在公司个体间差异巨大，为避免极端异常值对实证结果的影响，本书对所有连续变量在 1% 的水平上进行了两侧缩尾处理。

表 5 - 2　　　　　　　　　　　　变量描述性统计

| 变量 | 均值 | 标准差 | 最小值 | 1/4 分位数 | 中位数 | 3/4 分位数 | 最大值 |
|------|------|--------|--------|-----------|--------|-----------|--------|
| *Mis* | 0.072 | 0.392 | − 1.060 | − 0.195 | 0.023 | 0.283 | 2.439 |
| *IP* | 0.194 | 0.396 | 0 | 0 | 0 | 0 | 1 |
| *Incent* | 0.115 | 0.265 | 0 | 0 | 0 | 0 | 1 |
| *Size* | 22.045 | 1.163 | 17.813 | 21.230 | 21.923 | 22.741 | 27.321 |
| *Lev* | 0.457 | 0.204 | 0.007 | 0.300 | 0.459 | 0.617 | 0.996 |
| *Age* | 2.801 | 0.293 | 1.099 | 2.639 | 2.833 | 2.996 | 4.205 |
| *Growth* | 0.114 | 0.322 | − 3.719 | − 0.024 | 0.110 | 0.251 | 1.498 |

续表

| 变量 | 均值 | 标准差 | 最小值 | 1/4 分位数 | 中位数 | 3/4 分位数 | 最大值 |
|------|------|--------|--------|-----------|--------|-----------|--------|
| ROA | 0.040 | 0.055 | −0.683 | 0.014 | 0.035 | 0.063 | 0.590 |
| Cash | 0.045 | 0.081 | −0.656 | 0.004 | 0.044 | 0.089 | 0.876 |
| State | 0.470 | 0.499 | 0 | 0 | 0 | 1 | 1 |
| First | 0.353 | 0.152 | 0.034 | 0.232 | 0.333 | 0.456 | 0.894 |
| $Z_5$ | 1.601 | 0.566 | 1 | 1.169 | 1.426 | 1.869 | 4.923 |
| Insthld | 0.072 | 0.094 | 0 | 0.018 | 0.046 | 0.092 | 0.879 |
| Mnghld | 0.089 | 0.171 | 0 | 0.000 | 0.000 | 0.072 | 0.892 |
| Bsize | 2.163 | 0.199 | 1.099 | 2.079 | 2.197 | 2.197 | 2.890 |
| Indrct | 0.370 | 0.054 | 0.091 | 0.333 | 0.333 | 0.400 | 0.714 |
| Dual | 0.210 | 0.407 | 0 | 0 | 0 | 0 | 1 |
| Salary | 15.038 | 0.764 | 10.779 | 14.570 | 15.035 | 15.515 | 18.772 |

　　变量间的相关系数如表 5-3 所示。股票错误定价 Mis 与度量股权激励的 IP 和 Incent 呈现显著为正的线性相关关系。变量间的相关系数绝对值绝大多数小于 0.3，一定程度上能够排除变量间的多重共线性问题。

表 5-3　　　　　　　　　　变量相关系数表

| 变量 | Mis | IP | Incent | Size | Lev | Age | Growth |
|------|-----|-----|--------|------|-----|-----|--------|
| IP | 0.139 *** | | | | | | |
| Incent | 0.130 *** | 0.888 *** | | | | | |
| Size | −0.061 *** | 0.017 * | −0.025 *** | | | | |
| Lev | −0.144 *** | −0.138 *** | −0.175 *** | 0.476 *** | | | |
| Age | 0.097 *** | 0.011 | −0.019 ** | 0.118 *** | 0.123 *** | | |
| Growth | −0.053 *** | 0.106 *** | 0.114 *** | 0.078 *** | 0.036 *** | −0.087 *** | |
| ROA | 0.061 *** | 0.142 *** | 0.149 *** | −0.012 | −0.363 *** | −0.103 *** | 0.272 *** |
| Cash | 0.043 *** | 0.018 ** | 0.015 * | −0.020 ** | −0.164 *** | −0.049 *** | 0.055 *** |
| First | −0.030 *** | −0.106 *** | −0.122 *** | 0.253 *** | 0.073 *** | −0.191 *** | 0.018 ** |
| $Z_5$ | 0.048 *** | 0.159 *** | 0.186 *** | −0.177 *** | −0.156 *** | 0.022 ** | 0.040 *** |

续表

| 变量 | Mis | IP | Incent | Size | Lev | Age | Growth |
|------|-----|-----|--------|------|-----|-----|--------|
| Insthld | 0.005 | − 0.022 ** | − 0.023 *** | 0.088 *** | 0.022 ** | − 0.040 *** | 0.057 *** |
| Mnghld | 0.042 *** | 0.293 *** | 0.436 *** | − 0.239 *** | − 0.314 *** | − 0.144 *** | 0.094 *** |
| Bsize | − 0.103 *** | − 0.088 *** | − 0.106 *** | 0.235 *** | 0.166 *** | − 0.049 *** | 0.016 * |
| Indrct | 0.073 *** | 0.055 *** | 0.049 *** | − 0.003 | − 0.035 *** | 0.001 | − 0.009 |
| Dual | 0.067 *** | 0.142 *** | 0.156 *** | − 0.136 *** | − 0.131 *** | − 0.025 *** | 0.027 *** |
| Salary | 0.108 *** | 0.210 *** | 0.140 *** | 0.484 *** | 0.084 *** | 0.155 *** | 0.068 *** |

| 变量 | ROA | Cash | First | $Z_5$ | Insthld | Mnghld | Bsize |
|------|-----|------|-------|-------|---------|--------|-------|
| Cash | 0.386 *** | | | | | | |
| First | 0.099 *** | 0.066 *** | | | | | |
| $Z_5$ | 0.057 *** | − 0.006 | − 0.619 *** | | | | |
| Insthld | 0.121 *** | 0.064 *** | 0.017 * | 0.005 | | | |
| Mnghld | 0.121 *** | − 0.019 ** | − 0.111 *** | 0.297 *** | − 0.087 *** | | |
| Bsize | 0.013 | 0.056 *** | 0.036 *** | − 0.009 | 0.080 *** | − 0.202 *** | |
| Indrct | − 0.033 *** | − 0.051 *** | 0.019 ** | − 0.015 * | − 0.075 *** | 0.097 *** | − 0.440 *** |
| Dual | 0.026 *** | − 0.020 ** | − 0.066 *** | 0.077 *** | − 0.029 *** | 0.236 *** | − 0.183 *** |
| Salary | 0.210 *** | 0.061 *** | 0.018 ** | 0.067 *** | 0.085 *** | 0.017 * | 0.156 *** |

| 变量 | Indrct | Dual | Salary |
|------|--------|------|--------|
| Dual | 0.103 *** | | |
| Salary | − 0.010 | − 0.025 *** | |

注：＊＊＊、＊＊、＊分别表示1%、5%和10%的显著性水平。

## 二、单变量检验

按照是否股权激励样本和股权激励样本实施股权激励计划前后，本书首先对 Mis 进行分组单变量检验，结果如表5－4所示。Panel A 比较了股权激励样本与非股权激励样本之间的差异：两者 Mis 的均值分别为0.115 和0.052，统计上差异显著，中位数比较也呈现出了类似结果。

Panel B 以股权激励样本为对象，比较了股权激励样本在实施股权激励计划前后股票错误定价的情况。结果显示，股权激励计划实施之后，股权激励样本的均值和中位数分别为 0.178 和 0.132，显著高于股权激励计划实施之前 $Mis$ 的均值和中位数（二者分别为 −0.012 和 −0.055）。单变量检验的结果表明，总体而言股权激励样本的股票错误定价程度显著高于非股权激励样本，股权激励样本在实施股权激励计划之后股票错误定价程度有显著提高。单变量检验的结果在一定程度上暗示了股权激励可能会加剧股票错误定价。

表 5 - 4 　　　　　　　　　　股票错误定价的单变量检验结果

| 组别 | 均值 | 差异比较（$t$ 值） | 中位数 | 差异比较（$z$ 值） |
|---|---|---|---|---|
| Panel A：是否实施过股权激励计划 | | | | |
| 股权激励样本 | 0.115 | 8.62 *** | 0.081 | 9.75 *** |
| 非股权激励样本 | 0.052 | | 0.002 | |
| Panel B：股权激励样本实施股权激励计划前后 | | | | |
| 股权激励计划实施后 | 0.178 | 14.86 *** | 0.132 | 14.78 *** |
| 股权激励计划实施前 | −0.012 | | −0.055 | |

注：＊＊＊表示 1% 的显著性水平。

### 三、多元回归结果分析

（一）股权激励对股票错误定价的影响检验

本书首先采用式（5.5）所示的计量模型检验管理层股权激励对股票错误定价的影响，结果如表 5 - 5 所示。表中第（1）列至第（3）列以是否实施股权激励计划 $IP$ 为解释变量，第（2）列至第（4）列以股权激励力度 $Incent$ 为解释变量。在第（1）列中，本书首先控制了样本公司基本特征变量，结果显示 $IP$ 的系数为正但不显著。在第（2）列中，本书控制了上市公司的股权特征和治理特征变量，$IP$ 的系数显著

为正，表明股票错误定价与股权激励计划的实施显著正相关。在第
（3）列中，本书控制了第（1）列和第（2）列中的所有控制变量，$IP$
的系数为 0.030，在统计上显著为正，表明在控制了上市公司的基本特
征、股权特征、治理特征、行业和年度固定效应后，股票错误定价与股
权激励计划的实施仍然显著正相关。第（5）列至第（6）列中 $Incent$
的系数均显著为正，与以 $IP$ 为解释变量的结果类似。因此，总体而言，
表 5 - 5 的结果显示，股权激励计划的实施及其力度加剧了上市公司股
票错误定价，从而验证了研究假设 $H_{1a}$，从市场估值的角度表明我国上
市公司管理层股权激励并未有效地发挥治理功能，反而有可能成为管理
层获取私有收益的手段。

表 5 - 5　　　　　　　　股权激励对股票错误定价的影响检验

| 模型 | （1） | （2） | （3） | （4） | （5） | （6） |
|---|---|---|---|---|---|---|
| $IP$ | 0.024 * | 0.033 ** | 0.030 ** | | | |
| | (0.013) | (0.014) | (0.013) | | | |
| $Incent$ | | | | 0.019 | 0.073 *** | 0.073 *** |
| | | | | (0.020) | (0.021) | (0.020) |
| $Size$ | - 0.024 *** | | - 0.042 *** | - 0.024 *** | | - 0.043 *** |
| | (0.007) | | (0.008) | (0.007) | | (0.008) |
| $Lev$ | - 0.003 | | - 0.026 | - 0.004 | | - 0.025 |
| | (0.035) | | (0.035) | (0.035) | | (0.035) |
| $Age$ | - 0.002 | | - 0.032 | - 0.003 | | - 0.032 |
| | (0.021) | | (0.022) | (0.021) | | (0.022) |
| $Growth$ | - 0.019 | | - 0.004 | - 0.018 | | - 0.005 |
| | (0.013) | | (0.012) | (0.013) | | (0.012) |
| $ROA$ | 0.814 *** | | 0.716 *** | 0.827 *** | | 0.701 *** |
| | (0.126) | | (0.128) | (0.127) | | (0.128) |
| $Cash$ | 0.055 | | 0.023 | 0.055 | | 0.024 |
| | (0.053) | | (0.053) | (0.053) | | (0.053) |

续表

| 模型 | (1) | (2) | (3) | (4) | (5) | (6) |
|---|---|---|---|---|---|---|
| *State* | | − 0.059 *** | − 0.040 *** | | − 0.058 *** | − 0.039 *** |
| | | (0.013) | (0.013) | | (0.013) | (0.013) |
| *First* | | 0.065 | 0.056 | | 0.069 | 0.062 |
| | | (0.044) | (0.046) | | (0.044) | (0.046) |
| $Z_5$ | | 0.023 ** | 0.013 | | 0.023 ** | 0.013 |
| | | (0.011) | (0.011) | | (0.011) | (0.011) |
| *Inshld* | | 0.156 ** | 0.142 ** | | 0.154 ** | 0.141 ** |
| | | (0.064) | (0.063) | | (0.064) | (0.063) |
| *Mnghld* | | − 0.278 *** | − 0.344 *** | | − 0.304 *** | − 0.371 *** |
| | | (0.034) | (0.035) | | (0.035) | (0.036) |
| *Bsize* | | − 0.041 | 0.001 | | − 0.041 | 0.001 |
| | | (0.031) | (0.031) | | (0.031) | (0.031) |
| *Indrct* | | 0.236 ** | 0.338 *** | | 0.239 *** | 0.342 *** |
| | | (0.093) | (0.093) | | (0.092) | (0.093) |
| *Dual* | | 0.014 | 0.011 | | 0.013 | 0.011 |
| | | (0.012) | (0.011) | | (0.012) | (0.011) |
| *Salary* | | 0.019 ** | 0.034 *** | | 0.019 ** | 0.035 *** |
| | | (0.008) | (0.008) | | (0.008) | (0.008) |
| *Intercept* | 0.124 | − 0.656 *** | − 0.042 | 0.117 | − 0.662 *** | − 0.038 |
| | (0.144) | (0.140) | (0.174) | (0.144) | (0.138) | (0.173) |
| *Year & Industry* | Y | Y | Y | Y | Y | Y |
| $N$ | 12990 | 12990 | 12990 | 12990 | 12990 | 12990 |
| $F$ | 179.80 *** | 164.93 *** | 148.99 *** | 179.11 *** | 165.84 *** | 149.60 *** |
| $Adj\_R^2$ | 0.310 | 0.311 | 0.330 | 0.309 | 0.312 | 0.331 |

注：括号中为经公司层面聚类处理的稳健标准误，＊＊＊、＊＊、＊分别表示1%、5%和10%的显著性水平。

表 5 – 5 中控制变量的系数显示，上市公司股票错误定价与公司规模、国有产权性质和管理层持股比例呈负相关关系，而与公司盈利能力、机构投资者持股比例、独立董事占比以及管理层货币薪酬呈正相关关系。

上市公司规模越小，其信息不对称程度越高，公司治理水平相对较低，因而更难被市场准确估值，继而产生更大的股票错误定价。许多研究表明，我国国有上市公司无论在公司治理还是在经营绩效上都显著落后于非国有上市公司，由此导致市场对非国有上市公司可能给予更高的估值，在市场估值整体偏高的情况下，非国有上市公司的股票更容易被高估。由描述性统计可以看出，样本公司管理层持股比例平均约为8.9%，总体来说相对较低。委托代理理论认为，当管理层持股水平低于某个临界点时，随着管理层持股比例的增加，管理层持股的利益协同效应占优，有助于降低管理层与股东之间的第一类代理问题，从而能够抑制股票错误定价。表 5 – 5 中管理层持股与股权激励看似产生了互为矛盾的结果，但实质上正体现了管理层持股与股权激励之间的差别。在考察两者的效应时，我们既应该考虑二者的联系，更应考虑二者存在的差别。尽管在《管理办法（试行）》实施之前，管理层持股作为解决管理层与股东利益冲突最直接的方法在我国被普遍采用（李小荣和张瑞君，2014），国内学术界一直将管理层持股等同于股权激励进行研究（肖星和陈婵，2013），但是股权激励计划往往是制度性安排或者强制性持有股权，而管理层股权持有状况更多地表现为自愿性持有股权（高敬忠和周晓苏，2013），股权激励计划相对于高管持股更多地具有期权的性质。因此，高管持股和股权激励计划是股权激励中两种既有联系又有区别的激励方式，在我国资本市场中完全可能会对股票错误定价产生差异化影响。机构投资者具有信息优势和更成熟的投资理念，往往被认为有助于促进股票价格更迅速地反映市场信息，降低股价波动性和维护市场稳定。然而，大量的研究发现机构投资者也会关注短期市场业绩，存在趋势交易和追涨杀跌的短视行为（Scharfstein 和 Stein，1990）。许年行等（2013）也发现，我国股票市场中机构投资者存在明显的羊群效应，一致持有或抛售某些股票，从而导致股票价格暴涨暴跌。由此，机构投资者持股比例的增加反而导致其更加关注短期市场业绩，引起股价更大程度地偏离其内在价值。

（二）进一步分析

1. 管理层股权激励对不同形态股票错误定价的影响

股票错误定价通常会存在两种情况：当股票价格高于股票内在价值时被称为股价高估，反之当股票价格低于股票内在价值时被称为股价低估。管理层股权激励无论是发挥利益协同效应还是发挥堑壕效应，都可能对不同形态的股票错误定价产生差异化影响。

具体来讲，管理层股权激励有效治理功能的发挥能够产生利益协同效应，降低管理层代理成本，继而缓解股票错误定价，表现为降低被高估股票的估值水平，或提升被低估股票的估值水平。反之，管理层股权激励本身成为管理层代理问题的一部分，提升了管理层代理成本，则会加剧股票错误定价，表现为进一步推升被高估股票的估值水平，或进一步压低被低估股票的估值水平。如果前文假设成立，那么两种不同形态的股票错误定价受到的影响应该在理论和逻辑上具有统一性。

尽管表5-5的结果显示上市公司股票错误定价与股权激励计划的实施呈正相关关系，但是如果当股价本身被低估时，股价的进一步提升反而是对股票错误定价的修正。为此，我们需要进一步探讨当股价被高估和股价被低估时股权激励计划产生的差异化影响，继而对股权激励的作用形成一个价值判断。

本书以前一期股票错误定价作为分组标准，将样本划分为股价高估和股价低估两组，分别检验管理层股权激励对股票错误定价的影响。表 5 - 6 显示，当 $Mis > 0$ 即股价被高估时，$IP$ 和 $Incent$ 的系数均显著为正，即股价高估程度与股权激励计划的实施及力度显著正相关，表明股权激励加剧了上市公司股票错误定价程度。当 $Mis < 0$ 即股价被低估时，$IP$ 和 $Incent$ 的系数虽然为正但统计上并不显著，没有证据表明股权激励计划的实施在股价被低估时拉升了股价。对两种情况下 $IP$ 和 $Incent$ 的系数进行比较检验发现，第（2）列中 $Incent$ 的系数显著高于第（4）列。综上所述，表 5 - 6 的结果揭示了股权激励计划的实施并没有在股价低估时修复股票错误定价，仅在股价被高估时加剧了股票错误定价，从而进一步在逻辑上支持了研究假设 $H_{1a}$。

表 5 - 6　　　　　　　股权激励对不同类型错误定价的影响检验

| 模型 | （1） | （2） | （3） | （4） |
|---|---|---|---|---|
| 类别 | 股价高估：$Mis > 0$ | | 股价低估：$Mis < 0$ | |
| $IP$ | 0.029 ** | | 0.017 | |
| | (0.014) | | (0.013) | |
| $Incent$ | | 0.079 *** | | 0.028 |
| | | (0.021) | | (0.021) |
| $Intercpt$ | - 0.119 | - 0.105 | - 0.202 | - 0.211 |
| | (0.181) | (0.180) | (0.157) | (0.156) |
| $Controls$ | Y | Y | Y | Y |
| $Year \& Industry$ | Y | Y | Y | Y |
| $N$ | 8453 | 8453 | 4555 | 4555 |
| $F$ | 120.05 *** | 120.60 *** | 45.49 *** | 45.47 *** |
| $Adj\_R^2$ | 0.369 | 0.370 | 0.321 | 0.321 |
| 系数检验 $\chi^2$ | 0.59 | 4.55 ** | | |

注：括号中为经公司层面聚类处理的稳健标准误，＊＊＊、＊＊、＊分别表示 1%、5% 和 10% 的显著性水平。

这一结果表明，我国上市公司股权激励计划的实施可能并没有缓解管理层代理问题、降低管理层代理成本，反而股权激励计划的实施由于进一步增加了管理层切身利益与股票价格的关联度，可能会诱发管理层采用选择性披露、盈余管理等手段实现自身利益最大化，从而加剧管理层与股东之间的利益冲突，增加管理层代理成本。基于自利动机被强化基础上的管理层机会主义行为，会加剧上市公司内外部信息不对称程度，甚至向外部投资者传递有关公司价值的错误信息，从而强化了外部投资者的决策偏差和非理性倾向，最终加剧股票错误定价。因此，从提升市场定价效率的角度来看，至少没有证据表明我国上市公司股权激励计划的实施发挥了有效的治理功能。

2. 股权激励对股价崩盘风险的影响

前文的研究表明，我国上市公司股权激励计划的实施加剧了股票价格对其内在价值的偏离，导致股价进一步被高估。由此，一个合理的推断是，当管理层采用盈余管理、隐瞒内部消息等方式抬升股价的行为在未来一旦被市场识别，股价必然存在向其内在价值回归的过程。如果短时期内，股价出现突然大幅度的下跌，就会产生股价崩盘风险。Benmelech 等（2010）建立了一个存在信息不对称的动态理性预期模型，表明基于股票的薪酬不仅会促进经理人付出更多有成本的努力，而且也会导致他们隐瞒关于企业未来增长的坏消息，并选择次优的投资决策来支持这些谎言。这些最终导致了股票价格的严重高估和随后的崩盘。Kim 等（2011）较早地直接检验了股权激励与股价崩盘风险之间的关系，发现股价崩盘风险与公司首席财务官（CFO）期权组合对股价的敏感性呈显著正相关。因此，检验股权激励对股价崩盘风险的影响能够为前文结论提供更进一步证据。

为此，本书参照 Kim 等（2011）和 Kim 等（2014）的做法，采用负收益偏态系数 NCSKEW（Negative Conditional Return Skewness）和个股收益率上下波动的比率 DUVOL 度量股价崩盘风险。首先通过如下模型剔除市场因素对个股收益率的影响：

$$r_{it} = \beta_0 + \beta_1 r_{M,t-2} + \beta_2 r_{M,t-1} + \beta_3 r_{M,t} + \beta_4 r_{M,t+1} + \beta_5 r_{M,t+2} + \varepsilon_{it}$$

（5.6）

式中，$r_{it}$ 为股票 $i$ 在 $t$ 周考虑现金红利再投资的收益率，$r_{M,t}$ 为市场在 $t$ 周通过流通市值加权的平均收益率。为了调整股票非同步性交易的影响，本书还在方程中加入了市场收益的滞后项和超前项。在此基础上定义股票周特有收益率为 $W_{it} = \mathrm{Ln}(1 + \varepsilon_{it})$，则 NCSKEW 和 DUVOL 的计算公式分别为

$$NCSKEW = -\left[ n(n-1)^{3/2} \sum W_{it}^3 \right] / \left[ (n-1)(n-2)\left( \sum W_{it}^2 \right)^{3/2} \right]$$

（5.7）

$$DUVOL = \log\left\{ \left[ (n_u - 1) \sum\nolimits_{DOWN} W_{it}^2 \right] / \left[ (n_d - 1) \sum\nolimits_{UP} W_{it}^2 \right] \right\}$$

（5.8）

本书将式（5.5）所示的计量模型中因变量分别替换成 NCSKEW 和 DUVOL，利用新构建的模型检验股权激励对股价崩盘风险的影响。表 5-7 的结果显示，无论是 *IP* 还是 *Incent* 的系数均显著为正，表明股价崩盘风险与股权激励计划的实施呈显著正相关关系，意味着在控制了其他条件的情况下，股权激励是导致股价崩盘风险的重要原因。这与前文股权激励加剧股票错误定价的研究结果在逻辑上高度一致，换言之，表 5-7 的结果为股权激励导致股价进一步被高估、加剧股票错误定价提供了额外的证据。

表 5 - 7　　　　　　　　　股权激励对股价崩盘风险的影响检验

| 模型 | (1) | (2) | (3) | (4) |
|---|---|---|---|---|
| 因变量 | NCSKEW | | DUVOL | |
| IP | 0.059 *** | | 0.031 ** | |
| | (0.017) | | (0.012) | |
| Incent | | 0.085 *** | | 0.038 ** |
| | | (0.026) | | (0.019) |
| Intercept | 1.086 *** | 1.057 *** | 0.730 *** | 0.712 *** |
| | (0.205) | (0.204) | (0.138) | (0.138) |
| Controls | Y | Y | Y | Y |
| Year & Industry | Y | Y | Y | Y |
| N | 12990 | 12990 | 12988 | 12988 |
| F | 22.18 *** | 22.10 *** | 20.41 *** | 20.36 *** |
| Adj _ $R^2$ | 0.071 | 0.071 | 0.065 | 0.065 |

注：括号中为经公司层面聚类处理的稳健标准误，＊＊＊、＊＊、＊分别表示1%、5%和10%的显著性水平。

（三）内生性问题处理

股权激励对股票价格会产生影响，股票价格反过来也可能会影响股权激励计划的实施，因此股权激励与错误定价可能存在双向因果关系。另外，股权激励是上市公司的重要财务决策，会受到公司基本特征、治理特征、宏观环境和行业等多种因素影响，而这些因素也可能同时会影响股票价格。虽然本书在实证过程中已经尽最大可能地控制了这些因素，但仍然不能排除股权激励决策和股票价格会同时被一些无法观测的公司特征共同决定。因此，在考察股权激励影响股票错误定价时处理好股权激励的内生性问题非常重要。

为此，本书借鉴 Fisman 和 Svensson （2007）提出的构建工具变量的方法，将变量 IP 和 Incent 的年度行业均值 M _ IP 和 M _ incent 分别作为各自的工具变量，采用 2SLS 回归方法重新检验上文结论，结果如表 5 - 8 所示。从表 5 - 8 中第一阶段回归结果可以看出，工具变量与内生变量之间具有较强的相关性。同时，上市公司股权激励决策受到公司规模、上市年限、成长性、盈利能力以及股权结构等多方面因素影响。采用 2SLS 回归的两阶段结果显示，股票错误定价仍然与股权激励计划的实施及强度显著正相关。这表明，在控制了股权激励的内生性问题后，前文的研究结论依然成立。

表 5 - 8　　　　　　　　　　工具变量 2SLS 估计结果

| 模型 | （1） | （2） | （3） | （4） |
| --- | --- | --- | --- | --- |
| | 一阶段 | 二阶段 | 一阶段 | 二阶段 |
| 因变量 | IP | Mis | Incent | Mis |
| IP | | 0. 780 *** | | |
| | | (0. 119) | | |
| Incent | | | | 1. 096 *** |
| | | | | (0. 175) |
| Size | 0. 026 *** | - 0. 062 *** | 0. 025 *** | - 0. 068 *** |
| | (0. 008) | (0. 010) | (0. 005) | (0. 010) |
| Lev | - 0. 021 | - 0. 006 | - 0. 018 | - 0. 002 |
| | (0. 034) | (0. 043) | (0. 021) | (0. 041) |
| Age | - 0. 067 ** | 0. 019 | - 0. 032 * | 0. 002 |
| | (0. 028) | (0. 031) | (0. 017) | (0. 028) |
| Growth | 0. 055 *** | - 0. 050 *** | 0. 034 *** | - 0. 044 *** |
| | (0. 013) | (0. 017) | (0. 009) | (0. 016) |
| ROA | 0. 642 *** | 0. 236 | 0. 472 *** | 0. 223 |
| | (0. 126) | (0. 176) | (0. 083) | (0. 175) |
| Cash | - 0. 030 | 0. 036 | - 0. 023 | 0. 044 |
| | (0. 060) | (0. 069) | (0. 037) | (0. 065) |
| State | - 0. 184 *** | 0. 099 *** | - 0. 085 *** | 0. 049 ** |
| | (0. 017) | (0. 029) | (0. 009) | (0. 022) |

续表

| 模型 | （1） | （2） | （3） | （4） |
|---|---|---|---|---|
| | 一阶段 | 二阶段 | 一阶段 | 二阶段 |
| *First* | − 0.136 ** | 0.161 ** | − 0.139 *** | 0.208 *** |
| | (0.054) | (0.063) | (0.032) | (0.062) |
| $Z_5$ | − 0.001 | 0.015 | − 0.008 | 0.023 |
| | (0.014) | (0.015) | (0.009) | (0.014) |
| *Inshld* | − 0.001 | 0.148 ** | 0.026 | 0.121 * |
| | (0.047) | (0.066) | (0.025) | (0.064) |
| *Mnghld* | 0.240 *** | − 0.532 *** | 0.471 *** | − 0.861 *** |
| | (0.053) | (0.060) | (0.041) | (0.099) |
| *Bsize* | 0.023 | − 0.018 | 0.007 | − 0.007 |
| | (0.035) | (0.039) | (0.020) | (0.035) |
| *Indrct* | 0.080 | 0.267 ** | − 0.030 | 0.364 *** |
| | (0.121) | (0.132) | (0.078) | (0.121) |
| *Dual* | 0.027 * | − 0.010 | 0.014 | − 0.004 |
| | (0.016) | (0.016) | (0.010) | (0.015) |
| *Salary* | 0.067 *** | − 0.017 | 0.015 ** | 0.020 * |
| | (0.010) | (0.014) | (0.006) | (0.011) |
| *Intercept* | − 1.298 *** | 0.982 *** | − 0.576 *** | 0.588 ** |
| | (0.197) | (0.278) | (0.121) | (0.232) |
| *M _ IP* | 0.775 *** | | | |
| | (0.073) | | | |
| *M _ Incent* | | | 0.704 *** | |
| | | | (0.064) | |
| *Year & Industry* | Y | Y | Y | Y |
| *N* | 12990 | 12990 | 12990 | 12990 |
| $F / \chi^2$ | 27.63 *** | 4988.64 *** | 22.47 *** | 5381.28 *** |
| $Adj \_ R^2$ | 0.238 | | 0.282 | |

注：括号中为经公司层面聚类处理的稳健标准误，＊＊＊、＊＊、＊分别表示1%、5%和10%的显著性水平。

（四）稳健性检验

为保证本书结果的可靠性，本书还进行了以下一系列稳健性检验，结果如表 5 - 9 所示。首先，本书采用多种方法重新定义错误定价，检验结果与前文结论高度一致。

一是修正了 Rhodes - Kropf 等（2005）的模型。采用式（5.2）估算公司基础价值 $V$ 时未考虑公司未来投资机会或成长性的影响，可能导致公司基础价值 $V$ 未反映对未来的预期，本书进一步修正式（5.2）如下：

$$\mathrm{Ln}(M)_{it} = \alpha_{0jt} + \alpha_{1jt}\,\mathrm{Ln}(B)_{it} + \alpha_{2jt}\,\mathrm{Ln}(NI)_{it}^{+} + \alpha_{3jt}\,I_{(<0)}\,\mathrm{Ln}(NI)_{it}^{+} +$$
$$\alpha_{4jt}\,LEV_{it} + \alpha_{5jt}\,GR_{it} + \varepsilon_{it} \qquad (5.9)$$

式中，$GR_{it}$ 为公司 $i$ 在 $t$ 时期的主营业务收入增长率，度量公司未来成长性。在采用式（5.9）获得修正的公司基础价值 $V_2$ 的基础上，利用上述相同步骤获得修正的股票错误定价 $Mis1$。

二是按照屈文洲等（2016）的方法，在借鉴 Goyal 和 Yamada（2004）方法的基础上，将托宾 Q 对销售收入净利润率、总资产周转率、权益乘数以及收入增长率进行回归，以回归的残差作为错误定价的代理变量，获得股票错误定价 $Mis2$。

三是参考 Pantzalis 和 Park（2014）、游家兴和吴静（2012）等文献，借鉴 Berger 和 Ofek（1995）的做法，本书基于所处行业和规模计算公司的内在价值，在此基础上通过比较公司实际价值与其内在价值来衡量公司股票的错误定价，计算公式如下

$$Mis3_{it} = \mathrm{Ln}[Capital_{it}/I(Capital_{it})] = \mathrm{Ln}[Capital_{it}/(Asset_{it} \times Ratio_i)] \qquad (5.10)$$

式中，公司实际价值 $Capital$ 为普通股市值与负债账面价值之和，$Ratio$ 是每个年度公司所在行业各公司 $Capital/Asset$ 的中位数，公司内在价值

$I$（*Capital*）即为总资产 *Asset* 与 *Ratio* 的乘积。

从理论上来说，股权激励计划实施有效期内管理层通过执行股票期权或获得限制性股票，可以长期持有这些股票，因此股权激励效应应该长期存在。但陈文强和贾生华（2015）研究发现我国股权激励计划持续的激励效应仅可以维持 3～4 年，而我国大部分公司的股权激励计划有效期为 5 年，因此将有效期之后的经济后果归因于股权激励可能会影响本书的实证结论。为此，本书剔除处理组公司股权激励计划有效期结束之后的样本重新检验，本书的研究结论依然成立。

表5-9                稳健性检验结果

| 模型 | (1) | (2) | (3) | (4) | (5) | (6) | (7) | (8) |
|---|---|---|---|---|---|---|---|---|
| 样本 | 全样本 | | | | | | 剔除有效期之外的样本 | |
| 因变量 | *Mis*1 | | *Mis*2 | | *Mis*3 | | *Mis* | |
| IP | 0.031**<br>(0.013) | | 0.085*<br>(0.046) | | 0.037***<br>(0.014) | | 0.031**<br>(0.013) | |
| Incent | | 0.074***<br>(0.020) | | 0.205***<br>(0.070) | | 0.083***<br>(0.021) | | 0.075***<br>(0.020) |
| Intercept | -0.116<br>(0.175) | -0.112<br>(0.174) | 10.466***<br>(0.606) | 10.476***<br>(0.605) | 4.392***<br>(0.180) | 4.392***<br>(0.179) | -0.010<br>(0.175) | -0.009<br>(0.174) |
| Controls | Y | Y | Y | Y | Y | Y | Y | Y |
| Year & Industry | Y | Y | Y | Y | Y | Y | Y | Y |
| N | 12691 | 12691 | 12691 | 12691 | 12990 | 12990 | 12664 | 12664 |
| F | 144.73*** | 145.32*** | 23.91*** | 23.90*** | 139.33*** | 139.53*** | 146.52*** | 147.04*** |
| Adj_$R^2$ | 0.324 | 0.325 | 0.193 | 0.194 | 0.487 | 0.488 | 0.331 | 0.332 |

注：括号中为经公司层面聚类处理的稳健标准误，＊＊＊、＊＊、＊分别表示1%、5%和10%的显著性水平。

## 第四节 本章研究结论

自 2005 年底《上市公司股权激励管理办法（试行）》发布以来，股权激励计划作为激励机制的重要手段之一，越来越受到我国上市公司的青睐。股权激励计划的实施会影响上市公司内部管理层代理成本，继而影响上市公司股票定价效率，然而鲜有研究给出明确的实证证据。以 2007—2017 年我国沪深 A 股上市公司为研究对象，本书实证检验了股权激励计划的实施及其力度对我国上市公司股票错误定价的影响。本书研究发现上市公司股票错误定价与股权激励计划的实施呈正相关关系。将股票错误定价区分为股价高估和股价低估两种形态进行分别检验发现，管理层股权激励导致被高估股票估值的进一步上升，但并没有显著提升被低估股票的估值水平，并且管理层股权激励的实施还加大了股价崩盘风险。

本书的研究结论表明，股票市场的定价效率不仅跟公司外部的市场机制、投资者情绪等因素有关，也会受到上市公司内部代理冲突和治理机制的影响。正是基于这个原因，当上市公司利用股权激励等措施实施市值管理时，无论是投资者还是监管者，都有必要对上市公司是否借市值管理之名行"股价管理"进行甄别，以防范上市公司市值管理过程中内部人的不合理做法，如采用股权激励、回购等方式进行所谓的市值管理后再实施股票减持等掏空行为。

# 第六章
# 股权激励契约要素与股票错误定价

经营者激励契约观认为，经营者激励的真正核心问题不在于给予多少，而在于如何给予（Jensen 和 Murphy，1990）。如何设计激励契约要素以形成对管理层有效的激励，是管理层股权激励实施过程中需要考虑的重要问题。股权激励作为一个复合变量，受到激励对象、激励方式、激励强度、行权价格、绩效条件等多种契约要素的影响。由此，要完整而深入地考察股权激励效应，需要进一步探讨股权激励契约要素的作用。本章拟从激励比例、激励工具、激励有效期和行权（解锁）业绩条件，考察股权激励契约要素对上市公司实施股权激励计划后股票错误定价的影响。

## 第一节　研究假设

### 一、激励比例的影响

股权激励比例是指激励对象获授的股票期权、限制性股票和股票增值权等权益占激励实施时上市公司总股本的比重。通常而言，股权激励比例能够衡量股权激励强度。依据最优契约理论，激励强度的增加能够促使激励对象与股东利益更加趋同，从而有助于降低管理层机会主义倾向，因此较低的激励强度无法发挥股权激励的公司治理效应。

然而，依据管理层权力论，由于不完善的公司治理结构，随着激励强度的进一步增加，管理层反而成为其薪酬制定的实际控制人，导致股权激励沦为其机会主义行为的工具。管理层具有影响自己薪酬的能力，并会利用手中的权力获得高于合理水平的薪酬，却不承担相应的责任。另外，在股权激励中，高管权力能够保证高管人员的自利性行为，高管权力越大则股权激励强度越大（孙健和卢闯，2012）。由此，当上市公司公司治理机制不完善时，权力越大的管理层可能获得越高比例的股权激励，而后者又反过来进一步巩固了管理层权力，从而为管理层实施机会主义提供了更便利的条件和基础。

另外，激励比例的影响还取决于上市公司股权激励效应的性质。当股权激励治理效应占优时，股权激励强度越大，其治理效应也越强；反之，当股权激励堑壕效应占优时，更高的激励比例可能意味着管理层通过股权激励获得的私有利益更大，即激励强度越大导致的股权激励的堑壕效应越大。

基于此，本书提出如下两个竞争性的研究假设：

$H_{2a}$：其他条件不变时，实施股权激励计划的公司其股票错误定价与激励比例呈正相关关系；

$H_{2b}$：其他条件不变时，实施股权激励计划的公司其股票错误定价与激励比例呈负相关关系。

**二、激励工具的影响**

我国上市公司股权激励采用的标的物通常包括股票期权、限制性股票和股票增值权，其中股票期权和限制性股票是最常用的两种激励工具。股票期权是一种期权合约，被激励者可以自主选择行权或不行权，而无须为此履行任何义务，当行权所规定的业绩或其他市场条件未满足或者行权日的市场价格低于行权价格时，激励对象可以选择不行权，从而保证其获得的净损益总是大于等于零。限制性股票指上市公司按照预先确定的条件授予激励对象一定数量的本公司股票，激励对象只有在工作年限或业绩目标符合股权激励计划规定条件的，才可出售限制性股票并从中获益。与获授股票期权不同，激励对象通常都需要为获得限制性股票付出一些成本①。因此，限制性股票是一种权利与义务对等的合约，当解锁所规定的业绩或其他市场条件未满足时，被激励者会受到一定的经济惩罚，并且解锁日股票价格的下降直接会导致被激励者所持有股票价值的下跌。股票增值权则是上市公司授予激励对象的一种权利，当公司未来股价上升，激励对象可通过行权获得相应数量的股价升值收益（行权价格与兑付价格之间的差额），但激励对象不用为行权付出现金。

已有许多研究认为，相对于限制性股票而言，包含股票期权的股权激励更容易引发管理层的机会主义行为。一是股票期权带来的收益将远远超过股票价格的升水，股票期权损失有限的特征可能会促使管理层在公司决策过程中愿意冒更大的风险，如进行盈余管理（Bergstresser 和 Philippon，2006）等。二是限制性股票的线性回报方式将会有效地抑制管理层的逆向选择行为（Pantzalis 和 Park，2014），从而是相对更为有效的治理机制。

因此基于以上分析，本书提出如下研究假设：

---

① 许多上市公司会为管理层获授限制性股票提供一些便利条件，如免息或低息贷款等，但即便如此，激励对象为获得限制性股票仍然付出了经济成本。

$H_3$：其他条件不变时，上市公司实施股权激励计划时采用股票期权作为激励工具会导致更大程度的股票错误定价。

### 三、激励有效期的影响

股权激励计划的有效期通常包括行权（解锁）限制期和行权有效期或解锁期[①]，前者是指从权益授予日到获授的股票期权、股票增值权首次可行权或限制性股票首次解锁之间的时间段，证监会规定，其间隔不得少于 1 年；行权有效期或解锁期由上市公司自己确定，但证监会规定激励有效期从授权日计算不得超过 10 年。

有观点认为，较长的激励有效期是股权激励发挥长期激励效应的重要前提。一方面，较长的激励有效期能够降低行权业绩目标短期内被操纵的概率；另一方面，较长激励有效期使每期行权的数量大幅降低，从而削弱高管通过操纵股价来集中获得高额收益的能力（吕长江等，2009）。Zattoni 和 Minichilli（2009）考察了股票期权方案的特点及其效果，发现激励期限对其实施效果具有显著影响。徐宁和徐向艺（2010b）的研究也表明，激励期限的长期性是决定股票期权激励契约有效性的关键特征。

然而，一个值得注意的事实是，真正对管理层行权产生限制作用的应该是行权（解锁）限制期的长短，而不是整个激励计划有效期的长短。行权时间限制要求管理层等待一段特定的时间才能行权，使管理层

---

① 值得注意的是，部分上市公司股权激励计划的有效期并不是严格的限制期与行权有效期或解锁期二者之和，因此，股权激励计划有效期并不能真正意义上反映股权激励的实际期限。例如，北京佳讯飞鸿电气股份有限公司 2011 年 12 月 29 日公布的股票期权激励计划草案规定，该激励计划的有效期自首次股票期权授权之日起计算，最长不超过 5 年；但每份股票期权自相应的授权日起 4 年内有效。这也就意味着统计显示该公司股权激励计划有效期为 5 年，而实际的激励有效期应该为 4 年。

收益取决于企业长期价值，能够抑制短视行为，此外较长的行权限制期限还能保留有能力的管理者（刘宝华和王雷，2018）。当行权（解锁）限制期结束后，管理层能够根据股权激励计划规定的行权（解锁）安排兑现权益时，行权（解锁）有效期的长短对管理层可能并不会产生太强约束。一方面，许多上市公司的行权（解锁）安排在制定股权激励计划时可能会受到管理层的影响。已有的研究认为具有自利倾向的高管人员会影响股权激励方案中的行权条件和激励有效期的设计（吕长江等，2009；吴育辉和吴世农，2010；吕长江等，2009）。另一方面，管理层只需要在某个时点通过减持兑现行权（解锁）获得的权益，影响权益大小的关键因素是某个时点或某个集中时间段的股票价格，与上市公司长期业绩和价值的关联并不太密切。尽管管理层通过股权激励获得的股份不受我国监管部门减持规定的限制，但必须遵守法律法规中关于高管减持股份的规定①，较长的激励有效期更容易让管理层的减持行为合规。

另外，股权激励有效期对股权激励效应的影响还取决于股权激励效应的性质。当股权激励能够有效发挥治理效应时，更长激励有效期的股权激励计划能够确保股权激励更长期地激励管理层；而当股权激励沦落为高管机会主义工具，造成堑壕效应时，越长有效期的股权激励计划为高管的机会主义行为提供了更长的期限，可能导致更大的堑壕效应，如更长期限的盈余管理行为、更持久的薪酬控制等。

基于此，本书提出如下两个竞争性的研究假设：

$H_{4a}$：其他条件不变时，实施股权激励计划的公司其股票错误定价

---

① 我国《公司法》第一百四十一条规定：公司董事、监事、高级管理人员应当向公司申报所持有的本公司的股份及其变动情况，在任职期间每年转让的股份不得超过其所持有本公司股份总数的百分之二十五。

与激励有效期呈正相关关系；

$H_{4b}$：其他条件不变时，实施股权激励计划的公司其股票错误定价与激励有效期呈负相关关系。

## 四、行权（解锁）业绩条件的影响

激励性是股票激励方案合理性的重要表现，而绩效条件是其激励性得以体现的关键要素（徐宁和徐向艺，2010b）。行权（解锁）业绩条件是衡量激励对象是否可以行权或解锁的标准，有研究认为，业绩条件越严格，激励对象通过行权（解锁）实现最终收益的难度越高，股权激励的激励作用就越强。反之，业绩条件越容易达到，则激励对象行权（解锁）的难度越低，股权激励的激励作用就越弱，并且还可能致使股权激励成为激励对象的"福利"。特别是，如果行权（解锁）业绩条件设置过低，导致激励对象的收益完全由股价波动来决定，那么激励对象就有动力通过操纵激励有效期内的股价来获得超额收益，比如高管可能会选择加速披露利好消息，延迟披露利空消息等来操纵股价（吕长江等，2009）。

然而，与传统型股票期权不同，我国上市公司股权激励计划一开始就强制性地采用了业绩型股权激励。具体而言，上市公司高管在被授予权益后并不能立即通过对期权行权或解锁限制性股票而获得收益，只有在公司业绩满足了股权激励合约约定的行权（解锁）条件之后，高管才能获得行权或解锁的权利。这样的契约设定，极易导致上市公司高管过分关注业绩目标。Healy（1985）、Dechow 和 Sloan（1991）指出，仅仅利用会计收益作为考核指标，不仅容易被高管所操控，还可能会导致高管放弃那些短期降低公司利润但长期提高公司利润的项目，如降低研发支出。Bennett 等（2017）发现公司会通过提高应计盈余和削减随意性支出来达到薪酬契约中高度确定的业绩目标，表明经理人会管理公司业绩以达到薪酬计划中的业绩目标，从而强调了当经理人有权影响报告业绩时存在具体业绩目标所带来的成本。另有研究认为，过于关注短期业绩的薪酬激励反而可能导致管理层机会主义（Bebchuk 和 Fried，2010)，如业绩型股权激励的行权业绩考核促使管理层面临交付短期会计业绩的压力，继而会放弃增加研发投入，最终抑制企业创新（刘宝华和王雷，2018)。这表明，按照业绩支付薪酬，并不是最有利于企业创新的薪酬方案，有时甚至起负面作用（He 和 Tian，2013)。另外一个有趣的现象是，作为我国上市公司股权激励计划行权业绩条件的两个会计业绩指标，加权平均净资产收益率和净利润增长率分别集中在"10%"和"20%"上，形成了有趣的"10%/20%"现象。谢德仁和汤晓燕（2014）发现，"10%/20%"并非推出股权激励计划公司盈利能力的真实期望和合理反映，而是从众效应之结果。这从另一个侧面说明，我国上市公司股权激励计划的行权（解锁）业绩条件恐怕难以形成对管理层行权（解锁）的有效约束。

为此，本书提出如下两个竞争性的研究假设：

$H_{5a}$：其他条件不变时，实施股权激励计划的公司其股票错误定价与行权（解锁）业绩条件呈负相关关系；

$H_{5b}$：其他条件不变时，实施股权激励计划的公司其股票错误定价与行权（解锁）业绩条件呈正相关关系或不相关。

## 第二节　实证研究设计

### 一、模型和变量

本书借鉴李勇军（2015）、刘井建等（2017）的思路，构建如下模型检验股权激励计划契约要素对股票错误定价的影响：

$$Mis_{it} = \beta_0 + \beta_1 \, Element_i + \sum \gamma_j \, Control_{j,t-1} + \varepsilon_{it} \qquad (6.1)$$

式中，$Element$ 表征契约要素，控制变量 $Control$ 与上一章的定义相同。参照谢德仁和陈运森（2010）的做法，首先本书采用股权激励计划中期权、限制性股票、股票增值权等各种激励方式的激励总数占当时总股本的比例，度量股权激励计划的激励比例 $IncentRt$。其次，当上市公司股权激励过程中采用股票期权或股票增值权时[①]，$Option$ 取值 1，反之当上市公司股权激励过程中仅采用限制性股票作为激励工具时，$Opition$ 取值 0。再次，我们定义激励有效期 $Valid$ 为期权或限制性股票授予日至股权激励计划结束时的自然年数。最后，参照刘宝华和王雷（2018）、谢德仁和陈运森（2010）的做法，使用股权激励计划规定的第一个行权（解锁）期的业绩目标作为行权（解锁）业绩考核的替代指标，并使用股权激励公司所处行业的业绩中位数进行调整构建激励条件 $ROE\_CO$ 和 $ProfitGr\_CO$，业绩考核指标具体包括净资产收益率（ROE）目标和净利润增长目标。我们依据 $ROE\_CO$ 和 $ProfitGr\_CO$ 是否超过设定的阈值（如样本中位数、样本 65% 中位数等），定义行权（解锁）业绩条件是否属于严格型业绩条件。

**二、数据来源与契约要素描述性统计**

本书根据 Wind 资讯中上市公司股权激励计划草案手工整理了股权激励行权（解锁）业绩条件，其余股权激励契约要素数据来源于 Wind 资讯数据库。

---

① 尽管股票增值权的激励对象在行权后，不能像对期权行权后那样获得完整的股东权益（如投票权、分配权等），但股票增值权和期权在获利原理、收益特征等方面基本相同，因此限于本书的研究目的，为方便起见本书将股票增值权视同股票期权。

表 6 – 1 对本书涉及的股权激励契约要素进行了简单的描述性统计。 *IncentRt* 的均值约为 2. 82% ，总体来说，我国上市公司股权激励计划强度并不太高，其中一个重要原因是我国对上市公司股权激励比例进行了严格的限制。《管理办法（试行）》规定："上市公司全部有效的股权激励计划所涉及的标的股票总数累计不得超过公司股本总额的 10% 。非经股东大会特别决议批准，任何一名激励对象通过全部有效的股权激励计划获授的本公司股票累计不得超过公司股本总额的 1% 。" *Option* 的均值约为 46. 9% ，表明我国上市公司股权激励计划中近半数采用了期权作为激励工具。 *Valid* 的均值约为 4. 64 年，这与我国大部分上市公司股权激励计划的有效期为 4 年或 5 年密切相关。经行业中位数调整的净资产收益率指标 *ROE _ CO* 均值约为 4% ，经行业中位数调整的净利润增长率指标 *ProfitGr _ CO* 均值约为 52. 5% 。从样本观测数来看，净资产收益率和净利润增长率是我国上市公司股权激励计划采用最多的两个行权（解锁）业绩指标，甚至有较多股权激励计划同时采用了这两个指标。

表 6 – 1 契约要素描述性统计

| 变量 | *IncentRt*（%） | *Option* | *Valid* | *ROE _ CO* | *ProfitGr _ CO* |
|---|---|---|---|---|---|
| 均值 | 2. 816 | 0. 469 | 4. 636 | 0. 040 | 0. 525 |
| 标准差 | 1. 997 | 0. 499 | 1. 127 | 0. 107 | 1. 181 |
| 最小值 | 0. 059 | 0 | 1 | − 0. 060 | − 0. 272 |
| 25% 分位数 | 1. 360 | 0 | 4 | 0. 001 | 0. 194 |
| 中位数 | 2. 390 | 0 | 4 | 0. 024 | 0. 294 |
| 75% 分位数 | 3. 589 | 1 | 5 | 0. 054 | 0. 488 |
| 最大值 | 9. 996 | 1 | 10 | 1. 110 | 18. 792 |
| 观测数 | 3756 | 3766 | 3708 | 1649 | 2487 |

## 第三节　实证结果分析

### 一、单变量检验

本书首先分别按照股权激励契约要素进行分组,对股票错误定价 *Mis* 进行单变量检验,对契约要素与错误定价之间的关系进行初步判断,结果如表6-2所示。Panel A 是按照激励强度 *IncentRt* 进行分组的结果,本书将激励比例超过样本中位数的定义为高激励比例组,将激励比例低于样本中位数的定义为低激励比例组。Panel A 的结果显示,高激励比例组股票错误定价 *Mis* 的均值和中位数分别为 0.106 和 0.074,低激励比例组股票错误定价 *Mis* 的均值 0.126 和中位数 0.089。无论是均值比较还是中位数比较,均没有证据显示两组存在显著差别。Panel B 按照是否采用股票期权或股票增值权进行分组。结果显示,股权激励计划采用股票期权或股票增值权的上市公司,其股票错误定价 *Mis* 的均值和中位数分别为 0.134 和 0.104,均显著高于股权激励计划未采用股票期权或股票增值权的上市公司。Panel C 按激励有效期进行分组,将激励有效期超过样本中位数的定义为长激励有效期组,反之则为短激励有效期组。检验结果显示,两组样本 *Mis* 的均值和中位数的差异在统计上不显著。Panel D 按照行权(解锁)业绩条件是否严格进行分组。本书定义严格型行权(解锁)业绩条件为:经行业中位数调整的净资产收益率 *ROE _ CO* 超过样本中位数或经行业中位数调整的净利润增长率 *ProfitGr _ CO* 超过样本中位数。检验结果显示,严格型业绩条件组的样本其 *Mis* 的均值和中位数分别为 0.143 和 0.110,显著高于宽松型业绩条件组的样本。表6-2分组检验的结果显示,股权激励计划的契约要素设计在一定程度上可能会影响股权激励效应。

表6-2            股票错误定价按契约要素分组的单变量检验结果

| 组别 | 均值 | 差异比较（$t$值） | 中位数 | 差异比较（$z$值） |
|---|---|---|---|---|
| Panel A：是否高激励比例 | | | | |
| 高激励比例 | 0.106 | 1.60 | 0.074 | 1.38 |
| 低激励比例 | 0.126 | | 0.089 | |
| Panel B：是否采用股票期权或股票增值权 | | | | |
| 采用股票期权或股票增值权 | 0.134 | 2.86*** | 0.104 | 3.30*** |
| 未采用股票期权或股票增值权 | 0.099 | | 0.059 | |
| Panel C：是否长激励有效期 | | | | |
| 长激励有效期 | 0.113 | 0.33 | 0.082 | 0.10 |
| 短激励有效期 | 0.117 | | 0.080 | |
| Panel D：是否严格型行权（解锁）业绩条件 | | | | |
| 严格型业绩条件 | 0.143 | 4.41*** | 0.110 | 4.80*** |
| 宽松型业绩条件 | 0.089 | | 0.053 | |

注：$t$值和$z$值均为绝对值，＊＊＊表示1%的显著性水平。

## 二、多元回归分析

### （一）激励比例对股票错误定价的影响

表6-3列示了激励比例影响股票错误定价的检验结果。第（1）列直接以股票期权、限制性股票和股票增值权等各种激励方式占当时总股本的比例 $IncentRt$ 为解释变量，第（2）列和第（3）列分别采用两种标准定义了度量高激励比例的虚拟变量，其中 $HighRt_1$ 当激励比例高于样本中位数时取值1，否则取值0；$HighRt_2$ 当激励比例高于样本65%分位数时取值1，低于样本35%分位数时取值0。检验结果显示，所有度量激励比例的解释变量系数均为负但不显著，假设 $H_2$ 没有得到支持。虽然解释变量的系数均为负，从理论上能够印证更高强度的股权激励治

理效果更好，但由于所有系数均不显著，因此没有充足的证据显示随着股权激励比例的增加，上市公司股票错误定价会显著下降。

　　导致这种结果的可能原因是，我国上市公司股权激励的总体激励强度不高，因股权激励产生的增量权益难以从根本上形成对管理层的长期激励。《管理办法（试行）》规定："上市公司全部有效的股权激励计划所涉及的标的股票总数累计不得超过公司股本总额的10%。非经股东大会特别决议批准，任何一名激励对象通过全部有效的股权激励计划获授的本公司股票累计不得超过公司股本总额的1%。"因此我们不难理解，在激励比例整体不高的情况下，激励比例的变化难以对股权激励效应产生显著影响。

表 6 – 3　　　　　　　　　激励比例影响股票错误定价的检验结果

| 模型 | （1） | （2） | （3） |
|---|---|---|---|
| $IncentRt$ | − 0. 009 * <br> （0. 005） | | |
| $HighRt_1$ | | − 0. 026 <br> （0. 019） | |
| $HighRt_2$ | | | − 0. 035 <br> （0. 025） |
| $Size$ | − 0. 017 <br> （0. 012） | − 0. 016 <br> （0. 012） | − 0. 018 <br> （0. 014） |
| $Lev$ | − 0. 114 ** <br> （0. 058） | − 0. 110 * <br> （0. 058） | − 0. 149 ** <br> （0. 068） |
| $Age$ | − 0. 005 <br> （0. 038） | − 0. 015 <br> （0. 037） | − 0. 004 <br> （0. 045） |
| $Growth$ | 0. 054 ** <br> （0. 022） | 0. 054 ** <br> （0. 022） | 0. 057 ** <br> （0. 027） |
| $ROA$ | 1. 208 *** <br> （0. 220） | 1. 219 *** <br> （0. 221） | 0. 944 *** <br> （0. 246） |

续表

| 模型 | （1） | （2） | （3） |
|---|---|---|---|
| *Cash* | 0. 252 *** | 0. 245 *** | 0. 309 *** |
| | （0. 093） | （0. 093） | （0. 109） |
| *State* | − 0. 057 ** | − 0. 056 ** | − 0. 049 |
| | （0. 027） | （0. 027） | （0. 032） |
| *First* | 0. 063 | 0. 070 | 0. 044 |
| | （0. 090） | （0. 088） | （0. 103） |
| $Z_5$ | 0. 015 | 0. 015 | 0. 006 |
| | （0. 017） | （0. 017） | （0. 020） |
| *Insthld* | 0. 454 *** | 0. 442 *** | 0. 396 *** |
| | （0. 109） | （0. 108） | （0. 112） |
| *Mnghld* | − 0. 305 *** | − 0. 301 *** | − 0. 264 *** |
| | （0. 051） | （0. 051） | （0. 062） |
| *Bsize* | − 0. 094 * | − 0. 100 * | − 0. 124 * |
| | （0. 055） | （0. 055） | （0. 066） |
| *Indrct* | 0. 318 * | 0. 316 * | 0. 329 |
| | （0. 165） | （0. 164） | （0. 202） |
| *Dual* | 0. 014 | 0. 013 | 0. 016 |
| | （0. 018） | （0. 018） | （0. 022） |
| *Salary* | 0. 064 *** | 0. 062 *** | 0. 081 *** |
| | （0. 015） | （0. 015） | （0. 017） |
| *Intercept* | − 0. 966 *** | − 0. 935 *** | − 0. 965 *** |
| | （0. 301） | （0. 296） | （0. 351） |
| *Year & Industry* | Y | Y | Y |
| *N* | 3756 | 3756 | 2736 |
| *F* | 54. 43 *** | 54. 04 *** | 45. 00 *** |
| $Adj\_R^2$ | 0. 374 | 0. 373 | 0. 374 |

注：括号中为经公司层面聚类处理的稳健标准误，＊＊＊、＊＊、＊分别表示 1%、5% 和 10% 的显著性水平。

（二）激励工具对股票错误定价的影响

表 6 - 4 是激励工具影响股票错误定价的检验结果。第（1）列对全样本进行检验，*Option* 的系数显著为正，第（2）列剔除了同时采用两种激励工具的股权激励计划样本，仅保留采用单一激励工具的样本[①]，*Option* 的系数虽不显著但仍然为正。总体上表中结果显示，当股权激励计划中采用了股票期权这一标的物时，股票错误定价程度更高，从而支持了研究假设 $H_3$。该结果与股票期权会加剧管理层短视的观点一致，表明当上市公司采用股票期权作为激励工具时，股权激励难以发挥治理作用，反而会诱发管理层机会主义动机，通过影响上市公司信息披露政策和盈余管理行为促使投资者认知偏差和非理性倾向增强，最终加剧股票错误定价。

表 6 - 4　　　　　激励工具影响股票错误定价的检验结果

| 模型 | （1） | （2） |
|---|---|---|
| *Option* | 0. 044 ** <br> (0. 019) | 0. 035 * <br> (0. 021) |
| *Size* | − 0. 016 <br> (0. 012) | − 0. 018 <br> (0. 013) |
| *Lev* | − 0. 117 ** <br> (0. 059) | − 0. 104 <br> (0. 064) |
| *Age* | − 0. 021 <br> (0. 037) | − 0. 040 <br> (0. 038) |
| *Growth* | 0. 052 ** <br> (0. 022) | 0. 050 ** <br> (0. 023) |

①　被剔除的同时采用两种激励标的物的样本包括：同时采用股票期权与限制性股票的股权激励计划样本，同时采用股票增值权与限制性股票股权激励计划样本，同时采用股票期权和股票增值权的股权激励计划样本。

续表

| 模型 | (1) | (2) |
|---|---|---|
| ROA | 1. 179 *** | 1. 243 *** |
| | (0. 222) | (0. 239) |
| Cash | 0. 263 *** | 0. 294 *** |
| | (0. 092) | (0. 101) |
| State | − 0. 045 * | − 0. 032 |
| | (0. 027) | (0. 027) |
| First | 0. 076 | − 0. 001 |
| | (0. 086) | (0. 088) |
| $Z_5$ | 0. 017 | 0. 019 |
| | (0. 017) | (0. 018) |
| Insthld | 0. 427 *** | 0. 450 *** |
| | (0. 108) | (0. 110) |
| Mnghld | − 0. 304 *** | − 0. 298 *** |
| | (0. 050) | (0. 054) |
| Bsize | − 0. 112 ** | − 0. 085 |
| | (0. 054) | (0. 057) |
| Indrct | 0. 315 ** | 0. 305 * |
| | (0. 159) | (0. 169) |
| Dual | 0. 011 | 0. 015 |
| | (0. 018) | (0. 019) |
| Salary | 0. 059 *** | 0. 049 *** |
| | (0. 015) | (0. 0115) |
| Intercept | − 0. 935 *** | − 0. 831 *** |
| | (0. 292) | (0. 294) |
| Year & Industry | Y | Y |
| N | 3766 | 3357 |
| F | 54. 06 *** | 50. 45 *** |
| $Adj\_R^2$ | 0. 375 | 0. 373 |

注：括号中为经公司层面聚类处理的稳健标准误，＊＊＊、＊＊、＊分别表示1%、5%和10%的显著性水平。

（三）激励有效期对股票错误定价的影响

表 6 – 5 是对激励有效期影响股票错误定价的检验结果。除采用股权激励计划中直接公布的有效期 *Valid* 作为解释变量外，本书还构建了有效期的对数值 Ln*Valid* 和是否长激励有效期的虚拟变量 *Long* 以考察激励有效期的影响。本书定义 *Long* 当激励有效期大于样本中位数时取值1，否则取值 0。表中结果显示，无论是 *Valid* 还是 Ln*Valid* 的系数虽然为正但均不显著，而 *Long* 的系数为负也不显著，没有证据表明上市公司实施股权激励计划后股票错误定价与激励有效期显著相关，因此无法支持研究假设 H₄。从理论上来说，有效期越长的股权激励计划其激励效应越强，因此更可能发挥治理作用，从而降低股票错误定价，但表6 – 5 的结果却无法提供相应的证据。本书认为导致这种情况的原因可能是：与前文理论分析一致，只有行权（解锁）限制期才能真正发挥对管理层的激励作用，股权激励计划的有效期并不能从真正意义上影响股权激励效应。

表 6 – 5　　　　　　　激励有效期影响股票错误定价的检验结果

| 模型 | （1） | （2） | （3） |
|---|---|---|---|
| *Valid* | 0.012<br>(0.008) | | |
| Ln*Valid* | | 0.064<br>(0.039) | |
| *Long* | | | – 0.007<br>(0.019) |
| *Size* | – 0.014<br>(0.012) | – 0.013<br>(0.012) | – 0.014<br>(0.012) |
| *Lev* | – 0.124 **<br>(0.060) | – 0.126 **<br>(0.060) | – 0.120 **<br>(0.059) |
| *Age* | – 0.016<br>(0.038) | – 0.014<br>(0.038) | – 0.016<br>(0.038) |

续表

| 模型 | （1） | （2） | （3） |
|---|---|---|---|
| Growth | 0.055 ** | 0.055 ** | 0.053 ** |
| | （0.023） | （0.023） | （0.022） |
| ROA | 1.182 *** | 1.179 *** | 1.221 *** |
| | （0.222） | （0.223） | （0.221） |
| Cash | 0.256 *** | 0.255 *** | 0.254 *** |
| | （0.094） | （0.094） | （0.092） |
| State | − 0.063 ** | − 0.063 ** | − 0.044 * |
| | （0.027） | （0.027） | （0.027） |
| First | 0.089 | 0.087 | 0.082 |
| | （0.088） | （0.088） | （0.088） |
| $Z_5$ | 0.019 | 0.019 | 0.018 |
| | （0.018） | （0.017） | （0.017） |
| Insthld | 0.441 *** | 0.440 *** | 0.442 *** |
| | （0.106） | （0.107） | （0.107） |
| Mnghld | − 0.298 *** | − 0.298 *** | − 0.299 *** |
| | （0.052） | （0.052） | （0.051） |
| Bsize | − 0.107 * | − 0.108 * | − 0.107 * |
| | （0.055） | （0.055） | （0.055） |
| Indrct | 0.296 * | 0.293 * | 0.319 ** |
| | （0.161） | （0.161） | （0.161） |
| Dual | 0.013 | 0.012 | 0.012 |
| | （0.018） | （0.018） | （0.018） |
| Salary | 0.059 *** | 0.059 *** | 0.060 *** |
| | （0.015） | （0.015） | （0.015） |
| Intercept | − 1.002 *** | − 1.052 *** | − 0.958 *** |
| | （0.297） | （0.298） | （0.296） |
| Year & Industry | Y | Y | Y |
| N | 3708 | 3708 | 3708 |
| F | 53.73 *** | 53.61 *** | 53.89 *** |
| $Adj \_ R^2$ | 0.373 | 0.373 | 0.372 |

注：括号中为经公司层面聚类处理的稳健标准误，＊＊＊、＊＊、＊分别表示1%、5%和10%的显著性水平。

（四）行权（解锁）业绩条件对股票错误定价的影响

本书从三个维度定义行权（解锁）业绩条件：（1）绝对业绩指标，经行业中位数调整的净资产收益率 $ROE\_CO$；（2）相对业绩指标，经行业中位数调整的净利润增长率 $ProfitGr\_CO$；（3）严格型行权（解锁）业绩条件 $Strict$，当 $ROE\_CO$ 或 $ProfitGr\_CO$ 高于样本中位数时取值1，否则取值0。

表6－6列示了行权（解锁）业绩条件影响股票错误定价的检验结果。第（1）列中 $ROE\_CO$ 的系数显著为正，表明股权激励计划实施后上市公司股票错误定价与行权（解锁）绝对业绩指标显著正相关。第（2）列中 $ProfitGr\_CO$ 的系数为负但不显著，没有证据表明股权激励计划实施后上市公司股票错误定价与行权（解锁）相对业绩指标显著相关。第（3）列中 $Strict$ 的系数为正也不显著，也没有证据表明股权激励计划实施后上市公司股票错误定价与行权（解锁）业绩指标是否严格显著相关。

表6－6　　行权（解锁）业绩条件影响股票错误定价的检验结果

| 模型 | （1） | （2） | （3） |
|---|---|---|---|
| $ROE\_CO$ | 0.280 ** | | |
| | (0.135) | | |
| $ProfitGr\_CO$ | | -0.004 | |
| | | (0.009) | |
| $Strict$ | | | 0.029 |
| | | | (0.019) |
| $Size$ | 0.004 | -0.029 * | -0.012 |
| | (0.020) | (0.016) | (0.012) |
| $Lev$ | -0.177 ** | -0.143 ** | -0.120 ** |
| | (0.084) | (0.069) | (0.059) |
| $Age$ | -0.033 | -0.001 | -0.017 |
| | (0.055) | (0.055) | (0.037) |

续表

| 模型 | (1) | (2) | (3) |
|------|-----|-----|-----|
| Growth | 0.092 *** | 0.095 *** | 0.051 ** |
|  | (0.035) | (0.028) | (0.022) |
| ROA | 1.612 *** | 1.087 *** | 1.170 *** |
|  | (0.348) | (0.283) | (0.221) |
| Cash | 0.221 * | 0.287 ** | 0.263 *** |
|  | (0.132) | (0.121) | (0.092) |
| State | −0.039 | −0.022 | −0.048 * |
|  | (0.038) | (0.036) | (0.026) |
| First | 0.118 | 0.005 | 0.077 |
|  | (0.142) | (0.116) | (0.088) |
| $Z_5$ | 0.009 | 0.003 | 0.018 |
|  | (0.029) | (0.023) | (0.017) |
| Insthld | 0.667 *** | 0.554 *** | 0.443 *** |
|  | (0.173) | (0.159) | (0.106) |
| Mnghld | −0.322 *** | −0.331 *** | −0.303 *** |
|  | (0.078) | (0.060) | (0.051) |
| Bsize | −0.255 *** | −0.188 ** | −0.105 * |
|  | (0.081) | (0.074) | (0.055) |
| Indrct | 0.050 | 0.109 | 0.332 ** |
|  | (0.230) | (0.209) | (0.160) |
| Dual | −0.029 | 0.000 | 0.011 |
|  | (0.026) | (0.022) | (0.018) |
| Salary | 0.053 ** | 0.057 *** | 0.058 *** |
|  | (0.022) | (0.020) | (0.015) |
| Intercept | −0.944 ** | −0.405 | −0.976 *** |
|  | (0.476) | (0.393) | (0.297) |
| Year & Industry | Y | Y | Y |
| N | 1649 | 2487 | 3766 |
| F | 28.12 *** | 34.44 *** | 54.39 *** |
| $Adj\_R^2$ | 0.420 | 0.377 | 0.374 |

注：括号中为经公司层面聚类处理的稳健标准误，＊＊＊、＊＊、＊分别表示 1%、5% 和 10% 的显著性水平。

表 6 - 6 的结果支持了研究假设 $H_{5b}$。这与我国业绩型股权激励计划的主要特点有关，股权激励中绩效考核指标的设计取决于公司高管、董事会和控股股东之间的博弈，短期业绩考核目标反而可能会诱发管理层的短期行为，如业绩目标完成难度越大，企业创新投入和创新产出反而越低（刘宝华和王雷，2018）。另外，我国上市公司股权激励计划行权（解锁）业绩条件的从众设置，也导致业绩条件并不能反映上市公司的内在要求。

### 三、稳健性检验

为确保研究结论的可靠性，本书进行了如下一些稳健性检验：（1）替换 *Mis*，按照上一章稳健性检验的定义方法，重新定义了股票错误定价。（2）剔除激励有效期以外的样本。（3）重新定义长激励有效期和严格型行权（解锁）业绩条件。首先，将激励有效期低于 4 年（含 4 年）的定义为短激励有效期，而将激励有效期高于 5 年（含 5 年）的定义为长激励有效期。定义 *Long*1 当样本为长激励有效期时取值 1，否则取值 0。其次，定义 *Strict*1 当 *ROE_CO* 或 *ProfitGr_CO* 高于样本 65% 分位数时取值 1，当 *ROE_CO* 与 *ProfitGr_CO* 同时低于样本 35% 分位数时取值 0。

稳健性检验结果除个别变量的显著性稍有差别外，与前文结果基本一致，表明本章的研究结论是比较稳健的。

## 第四节　本章研究结论

本章从股权激励比例、激励工具的选择、激励有效期和行权（解锁）业绩条件等维度，检验了激励契约要素对上市公司实施股权激励计划后股票错误定价的影响。本章研究发现：首先，没有证据显示股权激励比例会对股票错误定价产生显著影响，这可能是我国股权激励计划因监管要求，在整体股权激励比例和对个体激励对象的激励比例上均不高的缘故。其次，当股权激励计划采用了股票期权作为激励工具时，上市公司实施股权激励后股票错误定价程度更高，表明股票期权有可能加剧了管理层的机会主义倾向。再次，没有证据显示股权激励计划的有效期会对股权激励计划实施后的股票错误定价产生显著影响，一个可能的重要原因是，真正意义上影响股权激励效应的是行权（解锁）限制期，而非名义上的股权激励有效期。最后，股权激励计划实施后的股票错误定价与股权激励计划采用的绝对业绩指标显著正相关，而与相对业绩指标及行权（解锁）业绩指标是否严格并无显著相关关系，表明在我国业绩型股权激励计划实施过程中，绝对业绩指标更可能引发管理层的机会主义行为。本章的研究结果表明，我国上市公司股权激励计划的契约要素从总体上并未有助于股权激励治理效应的发挥。

**本章附表**

## 稳健性检验结果

附表6-1　　　　　　　　　　替换因变量为 *Mis*1

| 模型 | (1) | (2) | (3) | (4) | (5) | (6) | (7) | (8) |
|---|---|---|---|---|---|---|---|---|
| *IncentRt* | −0.008 <br> (0.005) | | | | | | | |
| *Option* | | 0.055*** <br> (0.020) | | | | | | |
| *Valid* | | | 0.013 <br> (0.009) | | | | | |
| Ln*Valid* | | | | 0.074* <br> (0.042) | | | | |

续表

| 模型 | （1） | （2） | （3） | （4） | （5） | （6） | （7） | （8） |
|---|---|---|---|---|---|---|---|---|
| Long | | | | | −0.003 | | | |
| | | | | | （0.020） | | | |
| ROE_CO | | | | | | 0.238 | | |
| | | | | | | （0.146） | | |
| ProfitGr_CO | | | | | | | −0.004 | |
| | | | | | | | （0.009） | |
| Strict | | | | | | | | 0.042 ** |
| | | | | | | | | （0.020） |
| Intercept | 3.565 *** | 3.601 *** | 3.530 *** | 3.470 *** | 3.574 *** | 3.474 *** | 4.049 *** | 3.545 *** |
| | （0.313） | （0.304） | （0.310） | （0.312） | （0.310） | （0.481） | （0.407） | （0.310） |
| Controls | Y | Y | Y | Y | Y | Y | Y | Y |
| Year & Industry | Y | Y | Y | Y | Y | Y | Y | Y |
| N | 3756 | 3766 | 3708 | 3708 | 3708 | 1649 | 2487 | 3766 |
| F | 49.77 *** | 50.83 *** | 50.08 *** | 50.06 *** | 50.13 *** | 38.20 *** | 52.21 *** | 50.26 *** |
| $Adj\_R^2$ | 0.482 | 0.485 | 0.483 | 0.483 | 0.487 | 0.498 | 0.481 | 0.489 |

注：括号中为经公司层面聚类处理的稳健标准误，＊＊＊、＊＊、＊分别表示1%、5%和10%的显著性水平。

附表6−2　　　　　　　　　　替换因变量为 *Mis2*

| 模型 | （1） | （2） | （3） | （4） | （5） | （6） | （7） | （8） |
|---|---|---|---|---|---|---|---|---|
| IncentRt | −0.029 * | | | | | | | |
| | （0.016） | | | | | | | |
| Option | | 0.177 *** | | | | | | |
| | | （0.064） | | | | | | |
| Valid | | | 0.023 | | | | | |
| | | | （0.026） | | | | | |
| LnValid | | | | 0.141 | | | | |
| | | | | （0.126） | | | | |

续表

| 模型 | （1） | （2） | （3） | （4） | （5） | （6） | （7） | （8） |
|---|---|---|---|---|---|---|---|---|
| *Long* | | | | | −0.008<br>（0.063） | | | |
| *ROE _ CO* | | | | | | 1.003 **<br>（0.463） | | |
| *ProfitGr _ CO* | | | | | | | 0.01<br>（0.025） | |
| *Strict* | | | | | | | | 0.086<br>（0.062） |
| *Intercept* | 8.475 ***<br>（1.070） | 8.571 ***<br>（1.049） | 8.360 ***<br>（1.062） | 8.243 ***<br>（1.061） | 8.495 ***<br>（1.062） | 9.049 ***<br>（1.593） | 10.266 ***<br>（1.418） | 8.446 ***<br>（1.067） |
| *Controls* | Y | Y | Y | Y | Y | Y | Y | Y |
| *Year &*<br>*Industry* | Y | Y | Y | Y | Y | Y | Y | Y |
| *N* | 3713 | 3723 | 3666 | 3666 | 3666 | 1641 | 2460 | 3723 |
| *F* | 9.51 *** | 9.69 *** | 8.96 *** | 8.97 *** | 9.35 *** | 12.86 *** | 15.27 *** | 9.42 *** |
| *Adj _ R²* | 0.196 | 0.198 | 0.193 | 0.193 | 0.203 | 0.241 | 0.207 | 0.204 |

注：括号中为经公司层面聚类处理的稳健标准误，＊＊＊、＊＊、＊分别表示1%、5%和10%的显著性水平。

附表 6 – 3　　　　　　　　　替换因变量为 *Mis3*

| 模型 | （1） | （2） | （3） | （4） | （5） | （6） | （7） | （8） |
|---|---|---|---|---|---|---|---|---|
| *IncentRt* | −0.008<br>（0.005） | | | | | | | |
| *Option* | | 0.047 **<br>（0.019） | | | | | | |
| *Valid* | | | 0.013<br>（0.008） | | | | | |
| *LnValid* | | | | 0.068 *<br>（0.039） | | | | |

续表

| 模型 | (1) | (2) | (3) | (4) | (5) | (6) | (7) | (8) |
|---|---|---|---|---|---|---|---|---|
| *Long* | | | | | − 0. 004 | | | |
| | | | | | (0. 019) | | | |
| *ROE _ CO* | | | | | | 0. 282 ** | | |
| | | | | | | (0. 136) | | |
| *ProfitGr _ CO* | | | | | | | − 0. 001 | |
| | | | | | | | (0. 009) | |
| *Strict* | | | | | | | | 0. 030 |
| | | | | | | | | (0. 019) |
| *Intercept* | − 1. 005 *** | − 0. 979 *** | − 1. 051 *** | − 1. 104 *** | − 0. 999 *** | − 0. 987 ** | − 0. 462 | − 1. 015 *** |
| | (0. 304) | (0. 296) | (0. 300) | (0. 301) | (0. 299) | (0. 472) | (0. 398) | (0. 302) |
| *Controls* | Y | Y | Y | Y | Y | Y | Y | Y |
| *Year & Industry* | Y | Y | Y | Y | Y | Y | Y | Y |
| *N* | 3713 | 3723 | 3666 | 3666 | 3666 | 1641 | 2460 | 3723 |
| *F* | 52. 98 *** | 53. 38 *** | 52. 99 *** | 52. 91 *** | 53. 26 *** | 28. 35 *** | 33. 85 *** | 53. 91 *** |
| *Adj _ $R^2$* | 0. 372 | 0. 374 | 0. 372 | 0. 372 | 0. 378 | 0. 423 | 0. 375 | 0. 380 |

注：括号中为经公司层面聚类处理的稳健标准误，＊＊＊、＊＊、＊分别表示1%、5%和10%的显著性水平。

附表6－4　　　　　　　剔除激励有效期以外的样本

| 模型 | (1) | (2) | (3) | (4) | (5) | (6) | (7) | (8) |
|---|---|---|---|---|---|---|---|---|
| *IncentRt* | − 0. 009 * | | | | | | | |
| | (0. 005) | | | | | | | |
| *Option* | | 0. 045 ** | | | | | | |
| | | (0. 019) | | | | | | |
| *Valid* | | | 0. 012 | | | | | |
| | | | (0. 008) | | | | | |
| *LnValid* | | | | 0. 064 | | | | |
| | | | | (0. 039) | | | | |

续表

| 模型 | （1） | （2） | （3） | （4） | （5） | （6） | （7） | （8） |
|---|---|---|---|---|---|---|---|---|
| Long | | | | | −0.008 | | | |
| | | | | | (0.019) | | | |
| ROE _ CO | | | | | | 0.281 ** | | |
| | | | | | | (0.135) | | |
| ProfitGr _ CO | | | | | | | −0.004 | |
| | | | | | | | (0.009) | |
| Strict | | | | | | | | 0.029 |
| | | | | | | | | (0.019) |
| Intercept | −0.964 *** | −0.931 *** | −1.000 *** | −1.049 *** | −0.956 *** | −0.949 ** | −0.398 | −0.973 *** |
| | (0.301) | (0.292) | (0.297) | (0.298) | (0.296) | (0.476) | (0.393) | (0.297) |
| Controls | Y | Y | Y | Y | Y | Y | Y | Y |
| Year & Industry | Y | Y | Y | Y | Y | Y | Y | Y |
| N | 3747 | 3757 | 3699 | 3699 | 3699 | 1644 | 2478 | 3757 |
| F | 53.26 *** | 53.88 *** | 53.56 *** | 53.44 *** | 53.71 *** | 27.98 *** | 34.21 *** | 54.20 *** |
| Adj _ $R^2$ | 0.373 | 0.375 | 0.373 | 0.373 | 0.379 | 0.419 | 0.376 | 0.381 |

注：括号中为经公司层面聚类处理的稳健标准误，＊＊＊、＊＊、＊分别表示1%、5%和10%的显著性水平。

**附表6-5 重新定义长激励有效期和严格型行权（解锁）业绩条件**

| 模型 | （1） | （2） |
|---|---|---|
| Long1 | 0.010 | |
| | (0.020) | |
| Strict1 | | 0.020 |
| | | (0.022) |
| Intercept | −0.939 *** | −1.126 *** |
| | (0.299) | (0.341) |
| Controls | Y | Y |

续表

| 模型 | （1） | （2） |
|------|-------|-------|
| *Year & Industry* | Y | Y |
| *N* | 3716 | 2956 |
| *F* | 52.45 *** | 38.85 *** |
| *Adj _ R²* | 0.378 | 0.375 |

注：括号中为经公司层面聚类处理的稳健标准误，＊＊＊、＊＊、＊分别表示1%、5%和10%的显著性水平。

# 第七章
# 股权激励、管理层代理冲突与
# 股票错误定价

现代企业中所有权与控制权的分离是产生管理层代理问题的根源，即使在我国上市公司股权集中度较高的背景下，管理层与股东之间的第一类代理冲突仍然是企业主要的代理问题之一。缓解股东与管理层之间的代理冲突在理论上是上市公司实施股权激励的初衷，而对管理层代理冲突的缓解和加剧则是实践中实施股权激励的可能结果。尽管股权激励对股票错误定价的影响存在复杂的传导过程和多种可能路径，但管理层代理问题和代理成本的存在会影响管理层的行为动机，从而在股权激励影响股票错误定价的过程中扮演重要角色。本章从管理层代理问题入手，考察股权激励影响上市公司股票错误定价的经济机制。

## 第一节　研究假设

资本市场本质上是个信息市场，股票价格汇集和传递了来源不同的各种信息。投资者赖以估值的信息质量较差，或者缺乏获得高质量信息的渠道，可能加剧投资者之间的意见分歧，也可能导致投资者产生盲目跟风行为，抑或致使投资者的投资决策受制于市场流言、媒体消息等信息渠道。首先，信息传递渠道不畅致使投资者获得的信息有差异，加重了对股票未来收益预期的差异，导致股票价格对真实价值的偏离（陈国进等，2009）。较好的信息披露则有助于降低资本市场的估值偏误（徐寿福和徐龙炳，2015a）。其次，信息质量也会通过作用于投资者的认知，影响股票价格对其基本价值的反映。Cornell 等（2017）发现高质量的会计信息能够减轻与情绪相关的股票错误定价。会计收益信息是投资者赖以估值的最重要信息，因此，管理层的盈余管理行为会导致股票错误定价（Xie，2011）。基于这个逻辑，Polk 和 Sapienza（2009）甚至直接采用可操控性盈余作为股票错误定价的代理变量。刘宝华等（2016）发现在我国上市公司股权激励计划实施过程中，持有可行权期权和非限制性股票的高管最偏好应计盈余管理，其主要目的就是抬高股价。因此，信息质量较差和信息渠道不畅会加剧投资者认知偏差和决策非理性倾向，促使股票价格偏离其基础价值，产生错误定价。

进一步地，上市公司内部代理问题的存在，往往会诱发管理层操纵信息披露或进行盈余管理等，从而降低公司信息透明度和股价信息含量，加剧股票错误定价。Pantzalis 和 Park（2014）提供了代理冲突影响股票错误定价的直接证据，发现股票错误定价与代理成本显著正相关。股权激励通过对管理层代理问题的缓解或加剧会改变管理层的决策动机，影响管理层盈余管理行为和上市公司信息披露政策，最终会影响上市公司股票错误定价。

一方面，股权激励通过影响管理层代理冲突，继而影响上市公司信息披露政策。拥有内部信息优势的管理层是否有动机实施高质量的信息披露，受到上市公司内部利益博弈和激励机制的影响。有研究认为股权激励能够提升上市公司的信息披露质量。Nagar 等（2003）发现，公司信息披露质量随着与股价相联系的 CEO 补偿比例和持股价值的提高而提高。高敬忠和周晓苏（2013）以我国 A 股上市公司业绩预告为例研究发现，随着管理层持股比例和持股价值的提高，公司自愿性选择的披露方式的精确性和及时性也随之提高，并更趋于稳健。然而，另一些研究也表明，为实现激励利益最大化，管理层会采用择时披露和虚假披露等手段，影响和操纵投资者的预期（Aboody 和 Kasznik，2000；Burns 和 Kedia，2006；Goldman 和 Slezak，2006；张馨艺等，2012）。Armstrong 等（2013）发现，当管理层不倾向于风险规避时，股权激励容易导致管理层进行虚假报告。Arslan - Ayaydin 等（2016）发现，当股权激励导致管理层薪酬组合的价值与公司股价联系更紧密时，公司在盈余信息发布时会采用更加正面的表达以至于"夸大其辞"。

另一方面，股权激励通过影响管理层代理冲突，会影响管理层盈余管理行为。Beneish 和 Vargus（2002）发现 CEO 出售股份前，公司财务报表上应计收支项目的可信度下降，表明 CEO 为抬高股价而进行盈余管理。Cheng 和 Warfield（2005）发现如果公司利润超过市场预期，而且股权激励力度加大，CEO 平滑盈余的概率就会上升。Burns 和 Kedia（2006）发现美国上市公司期权占 CEO 薪酬的比重与公司错报盈余的概率呈显著的正相关关系。Bergstresser 和 Philippon（2006）发现 CEO 股权和期权占薪酬总额比例与可操纵应计利润之间呈显著正相关关系。Efendi 等（2007）发现 CEO 期权报酬比例较高的公司更可能提出财务重述，表明股权激励与盈余管理呈正相关关系。肖淑芳等（2013）以及林大庞和苏冬蔚（2011）的研究也表明，股权激励诱发了盈余管理。刘银国等（2017）则发现相对于"非激励性"股权激励计划的公司，我国实施"激励性"股权激励计划的公司实施真实活动盈余管理和应计项目盈余管理的程度更大。当然，也有学者提出了相反的观点和证据，如 Essid（2012）认为，高管股票期权激励降低了盈余管理。

从根本上说，股权激励对股票错误定价的影响是通过其对管理层代理冲突的影响发生作用，其影响性质最终取决于股权激励是改善公司治理、降低代理成本的手段，还是沦落为管理层机会主义的工具。由此本章提出以下研究假设：

$H_6$：管理层代理冲突在管理层股权激励影响上市公司股票错误定价的过程中会发挥中介作用。

## 第二节　实证研究设计

### 一、变量构建

管理层代理问题的存在易于理解，却难以量化，研究者通常采用代理成本来刻画管理层代理冲突。管理层代理问题会存在多种表现形式，如大量的在职消费、利用企业自有现金流进行"商业帝国建造"产生无效率投资等。产生的代理成本一方面体现为企业运营成本的提高，另一方面体现为企业运营效率的损失，既包括有形成本也包括无形成本。因此，如果简单地以某一个或某一方面的指标度量管理层代理成本，可能会以偏概全。

为此，本书参考 Pantzalis 和 Park（2014）的方法从管理层代理冲突产生的各个维度选取一系列变量，构建代理成本指数。这些变量包括：（1）自由现金流，计算公式为 ［（净利润 + 利息费用 + 非现金支出）－营运资本追加－资本性支出］／总资产×成长性虚拟变量，当上市公司托宾 Q 小于 1 时成长性虚拟变量取值为 1，否则取值 0；（2）管理费用率，借鉴李寿喜（2007）、徐寿福和徐龙炳（2015b）等文献，定义管理费用率为管理费用与主营业务收入之比；（3）独立董事占比，为董事会中独立董事人数占董事会总人数之比；（4）产品市场竞争程度，本书借鉴徐虹等（2015）的做法，采用国内外研究中最常用的"赫芬达尔—赫希曼指数（HHI）"来衡量产品市场竞争，即行业内各公司营业收入占行业总营业收入比重的平方和，计算公式为 $HHI = \sum_{i=1}^{N} (S_i/S)^2$。式中，$N$ 为行业内上市公司数量，$S_i$ 为公司 $i$ 当年营业收入，$S$ 为当年同行业总营业收入。HHI 数值越大，表明行业集中度越高，行业竞争越弱。

按照 Pantzalis 和 Park（2014）的方法，我们首先分年度对所有公司的自由现金流代理成本、管理费用率和产品市场竞争程度进行正排序，对独立董事占比进行逆排序，得到公司 $i$ 第 $k$ 个指标的序数 $Rank_{i,k}$，然后加总公司 $i$ 所有指标的序数并按照该年度观测值总数 $N$ 和指标总数 4 进行标准化，得到公司 $i$ 当年度的代理成本指数，即 $AcIndex_i = \dfrac{1}{4}\dfrac{1}{N}\sum_{k=1}^{4} Rank_{i,k}$。$AcIndex$ 的取值在 0 和 1 之间，取值越大表明管理层代理冲突越严重。另外，我们还对 $AcIndex$ 取自然对数，构建了第二个代理成本指数指标 $LnAcIndex$。

## 二、研究设计

考虑自变量 X 对因变量 Y 的影响，如果 X 通过影响变量 M 来影响 Y，统计学上称 M 为中介变量（Mediator）。本书借鉴温忠麟等（2004）提出的中介效应检验程序考察代理成本在股权激励与上市公司股票错误定价之间的中介效应。

本书设定的一组计量模型如下

$$Mis_{it} = \alpha_0 + \alpha\, Plan_{i,t-1} + \sum \alpha_j\, Control_{j,t-1} + \varepsilon 1_{it} \tag{7.1}$$

$$AC_{it} = \beta_0 + \beta\, Plan_{i,t} + \sum \beta_j\, Control_{j,t} + \varepsilon 2_{it} \tag{7.2}$$

$$Mis_{it} = \gamma_0 + \gamma\,Plan_{i,t-1} + \lambda\,AC_{i,t} + \sum \gamma_j\,Control_{j,t-1} + \varepsilon 3_{it} \quad (7.3)$$

上述模型中 $Mis$、$Plan$ 和 $AC$ 分别是上市公司股票错误定价、股权激励和代理成本的代理变量，$Control$ 是一系列控制变量。$Mis$ 和 $Plan$ 的定义与前文一致，$AC$ 分别为 $AcIndex$ 和 $LnAcIndex$。本书分别通过模型（7.1）和模型（7.2），考察股权激励对股票错误定价和管理层代理成本的影响。为进一步考察管理层代理成本的中介效应，本书根据上述三个模型的检验结果，分三个步骤实施如图 7-1 的检验程序。

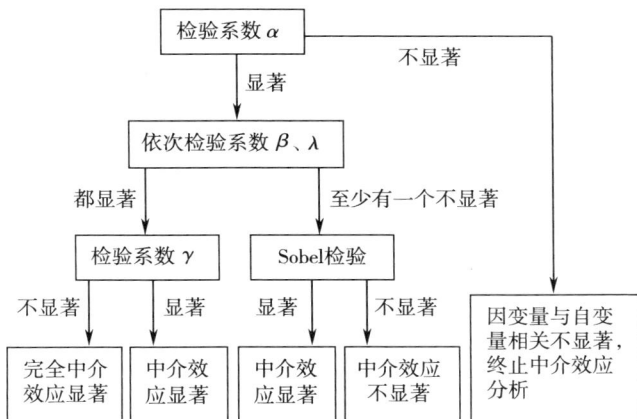

**图 7-1 代理成本中介效应检验程序**

第一步：检验模型（7.1）中变量 $Plan$ 的系数。若该系数不显著，则判定股票错误定价与股权激励不存在显著相关关系，丧失继续检验管理层代理成本中介效应的前提条件。本书前文的检验结果均显示，管理层股权激励显著加剧了上市公司股票错误定价，即 $Plan$ 的系数α均显著为正，因此进入第二步检验。

第二步：依次检验模型（7.2）中变量 $Plan$ 的系数 β 和模型（7.3）中变量 $AC$ 的系数 λ。若两者均显著，表明代理成本的中介效应显著，通过检验模型（7.3）中变量 *Plan* 的系数 $\gamma$ 是否显著来判断代理成本是否存在完全中介效应；若系数 $\beta$ 和 $\lambda$ 至少有一个不显著，由于此时第二类错误的概率较大，尚不能判定代理成本是否存在显著的中介效应，需要进入第三步检验。

第三步：采用 Sobel 检验，确定代理成本的中介效应是否显著。

## 第三节　实证结果分析

### 一、代理成本指数的描述性统计

表 7 - 1 给出了代理成本指数 *AcIndex* 和 LnAcIndex 的描述性统计。*AcIndex* 的范围大致在 0 和 1 之间，最小值为 0.046，最大值为 0.957，均值约为 0.5，这主要由代理成本指数的构建方法所决定。LnAcIndex 的均值和中位数分别为 - 0.743 和 - 0.698。

表 7 - 1　　　　　　　　　代理成本指数的描述性统计

| 变量 | 均值 | 标准差 | 最小值 | 25% 分位数 | 中位数 | 75% 分位数 | 最大值 |
|---|---|---|---|---|---|---|---|
| *AcIndex* | 0.500 | 0.147 | 0.046 | 0.397 | 0.498 | 0.599 | 0.957 |
| LnAcIndex | - 0.743 | 0.330 | - 3.087 | - 0.923 | - 0.698 | - 0.512 | - 0.044 |

### 二、基本回归结果

本书分别以 *AcIndex* 和 LnAcIndex 度量代理成本，检验了管理层代理冲突在股权激励影响股票错误定价过程中的中介效应，结果如表 7 - 2 和表 7 - 3 所示。表 7 - 2 中第（1）列至第（3）列以 *IP* 度量管理层股权激励，第（1）列 *IP* 的系数显著为正，与前文结论一致，表明股票错误定价与股权激励的实施显著正相关。第（2）列以代理成本指数为被解释变量，*IP* 为解释变量，检验股权激励对管理层代理成本的影响。

结果显示 *IP* 的系数虽然为正但不显著，没有充分的证据表明管理层代理成本与股权激励的实施显著正相关。第（3）列在第（1）列的基础上加入代理成本指数 *AcIndex* 作为解释变量，结果显示 *IP* 和 *AcIndex* 的系数均显著为正，表明股票错误定价与股权激励的实施和管理层代理成本的提高均显著正相关。由于第（2）列中 *IP* 的系数不显著，根据前文介绍的中介效应检验程序，本书需要对 *AcIndex* 的部分中介效应进行 Sobel 检验。检验结果显示，z 值仅为 0.94，统计上不显著，没有证据表明代理成本指数 *AcIndex* 在以 *IP* 作为解释变量，考察股权激励影响股票错误定价的过程中发挥了显著的部分中介效应。

表 7 – 2 第（4）列至第（6）列以 *Incent* 度量股权激励，检验股权激励影响股票错误定价过程中代理成本的中介效应。第（4）列中 *Incent* 的系数显著为正，表明股票错误定价与股权激励强度显著正相关，这也与前文结论高度一致。第（5）列中 *Incent* 的系数显著为正，表明管理层代理成本与股权激励强度显著正相关。第（6）列中 *Incent* 和 *AcIndex* 的系数均显著为正，结合第（5）列的结果，根据前文介绍的中介效应检验程序，表明代理成本指数 *AcIndex* 在以 *Incent* 作为解释变量，考察股权激励影响股票错误定价的过程中发挥了显著的部分中介效应。为稳健起见，本书也对代理成本指数 *AcIndex* 的部分中介效应进行了 Sobel 检验，结果也支持了 *AcIndex* 的部分中介效应，其 z 值为 2.34，统计上显著为正。

表 7 – 2　　　　　　　　　　　**AcIndex** 的中介效应检验

| 模型 | （1） | （2） | （3） | （4） | （5） | （6） |
|---|---|---|---|---|---|---|
| 因变量 | *Mis* | *AcIndex* | *Mis* | *Mis* | *AcIndex* | *Mis* |
| *IP* | 0.031 *** | 0.003 | 0.030 *** | | | |
| | (0.009) | (0.003) | (0.009) | | | |

续表

| 模型 | （1） | （2） | （3） | （4） | （5） | （6） |
|------|------|------|------|------|------|------|
| 因变量 | Mis | AcIndex | Mis | Mis | AcIndex | Mis |
| Incent | | | | 0.077 *** | 0.011 ** | 0.074 *** |
| | | | | (0.014) | (0.004) | (0.014) |
| AcIndex | | | 0.273 *** | | | 0.271 *** |
| | | | (0.030) | | | (0.030) |
| Size | −0.035 *** | −0.021 *** | −0.030 *** | −0.037 *** | −0.022 *** | −0.031 *** |
| | (0.004) | (0.001) | (0.004) | (0.004) | (0.001) | (0.004) |
| Lev | −0.063 *** | −0.060 *** | −0.047 ** | −0.062 *** | −0.060 *** | −0.046 ** |
| | (0.021) | (0.007) | (0.021) | (0.021) | (0.007) | (0.021) |
| Age | −0.040 *** | −0.009 ** | −0.038 *** | −0.040 *** | −0.009 ** | −0.038 *** |
| | (0.013) | (0.004) | (0.013) | (0.013) | (0.004) | (0.013) |
| Growth | 0.001 | −0.026 *** | 0.008 | −0.001 | −0.026 *** | 0.006 |
| | (0.011) | (0.004) | (0.011) | (0.011) | (0.004) | (0.011) |
| ROA | 0.721 *** | −0.181 *** | 0.770 *** | 0.704 *** | −0.184 *** | 0.754 *** |
| | (0.083) | (0.027) | (0.082) | (0.083) | (0.027) | (0.082) |
| Cash | 0.027 | 0.026 * | 0.020 | 0.029 | 0.026 * | 0.021 |
| | (0.045) | (0.015) | (0.045) | (0.045) | (0.016) | (0.045) |
| State | −0.038 *** | 0.001 | −0.039 *** | −0.038 *** | 0.002 | −0.038 *** |
| | (0.008) | (0.002) | (0.008) | (0.008) | (0.002) | (0.008) |
| First | 0.037 | −0.021 ** | 0.043 | 0.043 | −0.020 ** | 0.049 * |
| | (0.028) | (0.009) | (0.027) | (0.028) | (0.009) | (0.027) |
| $Z_5$ | 0.015 ** | 0.002 | 0.014 * | 0.015 ** | 0.002 | 0.015 ** |
| | (0.007) | (0.002) | (0.007) | (0.007) | (0.002) | (0.007) |
| Insthld | 0.002 *** | 0.000 | 0.002 *** | 0.002 *** | 0.000 | 0.002 *** |
| | (0.000) | (0.000) | (0.000) | (0.000) | (0.000) | (0.000) |
| Mnghld | −0.308 *** | 0.012 * | −0.311 *** | −0.336 *** | 0.008 | −0.338 *** |
| | (0.022) | (0.007) | (0.022) | (0.023) | (0.007) | (0.023) |
| Bsize | −0.007 | −0.001 | −0.007 | −0.007 | −0.001 | −0.007 |
| | (0.018) | (0.006) | (0.018) | (0.018) | (0.006) | (0.018) |

续表

| 模型 | （1） | （2） | （3） | （4） | （5） | （6） |
|---|---|---|---|---|---|---|
| 因变量 | *Mis* | *AcIndex* | *Mis* | *Mis* | *AcIndex* | *Mis* |
| *Indrct* | 0.357 *** | 1.136 *** | 0.046 | 0.362 *** | 1.137 *** | 0.054 |
| | （0.062） | （0.020） | （0.071） | （0.062） | （0.020） | （0.071） |
| *Dual* | 0.006 | 0.002 | 0.005 | 0.005 | 0.002 | 0.005 |
| | （0.008） | （0.003） | （0.008） | （0.008） | （0.003） | （0.008） |
| *Salary* | 0.030 *** | 0.010 *** | 0.027 *** | 0.031 *** | 0.010 *** | 0.028 *** |
| | （0.005） | （0.002） | （0.005） | （0.005） | （0.002） | （0.005） |
| *Intercept* | − 0.055 | 0.543 *** | − 0.204 ** | − 0.050 | 0.546 *** | − 0.198 ** |
| | （0.098） | （0.032） | （0.099） | （0.097） | （0.032） | （0.098） |
| *Year & Industry* | Y | Y | Y | Y | Y | Y |
| *N* | 10932 | 10932 | 10932 | 10932 | 10932 | 10932 |
| *F* | 125.64 *** | 285.54 *** | 125.72 *** | 126.30 *** | 285.78 *** | 126.31 *** |
| *Adj _ R²* | 0.339 | 0.540 | 0.344 | 0.340 | 0.540 | 0.345 |
| Sobel 检验 | | 0.94 | | | 2.34 ** | |

注：括号中为标准误，＊＊＊、＊＊、＊分别表示1%、5%和10%的显著性水平。

表7 – 3 中第（2）列和第（5）列以第二个代理成本指数 *LnAcIndex* 为被解释变量，*IP* 的系数为正但不显著，*Incent* 的系数为正且高度显著，与表7 – 2 结果类似，表明股权激励的实施及其强度提高了管理层代理成本。第（3）列和第（6）列中 *IP*、*Incent* 以及 *LnAcIndex* 的系数均显著为正，表明股票错误定价与股权激励的实施和管理层代理成本的提高均呈显著正相关。表7 – 3 的结果表明使用代理成本指数 *LnAcIndex* 度量管理层代理冲突，仍然能够验证管理层代理冲突在股权激励影响股票错误定价的过程中发挥了显著的部分中介效应。进一步地，以 *Incent* 作为解释变量的检验过程中，Sobel 检验的 *z* 值显著为正，再一次验证

了 *LnAcIndex* 的显著部分中介效应。

表 7 - 3    *LnAcIndex* 的中介效应检验

| 模型 | (1) | (2) | (3) | (4) | (5) | (6) |
|---|---|---|---|---|---|---|
| 因变量 | *Mis* | *LnAcIndex* | *Mis* | *Mis* | *LnAcIndex* | *Mis* |
| *IP* | 0.031 *** <br> (0.009) | 0.012 * <br> (0.007) | 0.030 *** <br> (0.009) | | | |
| *Incent* | | | | 0.077 *** <br> (0.014) | 0.031 *** <br> (0.010) | 0.074 *** <br> (0.014) |
| *LnAcIndex* | | | 0.098 *** <br> (0.012) | | | 0.097 *** <br> (0.012) |
| *Size* | −0.035 *** <br> (0.004) | −0.047 *** <br> (0.003) | −0.031 *** <br> (0.004) | −0.037 *** <br> (0.004) | −0.048 *** <br> (0.003) | −0.032 *** <br> (0.004) |
| *Lev* | −0.063 *** <br> (0.021) | −0.117 *** <br> (0.016) | −0.052 ** <br> (0.021) | −0.062 *** <br> (0.021) | −0.116 *** <br> (0.016) | −0.051 ** <br> (0.021) |
| *Age* | −0.040 *** <br> (0.013) | −0.018 * <br> (0.010) | −0.039 *** <br> (0.013) | −0.040 *** <br> (0.013) | −0.018 * <br> (0.010) | −0.038 *** <br> (0.013) |
| *Growth* | 0.001 <br> (0.011) | −0.055 *** <br> (0.009) | 0.006 <br> (0.011) | −0.001 <br> (0.011) | −0.055 *** <br> (0.009) | 0.005 <br> (0.011) |
| *ROA* | 0.721 *** <br> (0.083) | −0.340 *** <br> (0.064) | 0.754 *** <br> (0.082) | 0.704 *** <br> (0.083) | −0.347 *** <br> (0.064) | 0.738 *** <br> (0.082) |
| *Cash* | 0.027 <br> (0.045) | 0.078 ** <br> (0.035) | 0.020 <br> (0.045) | 0.029 <br> (0.045) | 0.078 ** <br> (0.035) | 0.021 <br> (0.045) |
| *State* | −0.038 *** <br> (0.008) | 0.008 <br> (0.006) | −0.039 *** <br> (0.008) | −0.038 *** <br> (0.008) | 0.008 <br> (0.006) | −0.038 *** <br> (0.008) |
| *First* | 0.037 <br> (0.028) | −0.050 ** <br> (0.021) | 0.042 <br> (0.028) | 0.043 <br> (0.028) | −0.047 ** <br> (0.021) | 0.048 <br> (0.028) |
| $Z_5$ | 0.015 ** <br> (0.007) | 0.005 <br> (0.006) | 0.014 * <br> (0.007) | 0.015 ** <br> (0.007) | 0.005 <br> (0.006) | 0.015 ** <br> (0.007) |
| *Insthld* | 0.002 *** <br> (0.000) | 0.000 ** <br> (0.000) | 0.002 *** <br> (0.000) | 0.002 *** <br> (0.000) | 0.000 * <br> (0.000) | 0.002 *** <br> (0.000) |

续表

| 模型 | （1） | （2） | （3） | （4） | （5） | （6） |
|---|---|---|---|---|---|---|
| 因变量 | *Mis* | *LnAcIndex* | *Mis* | *Mis* | *LnAcIndex* | *Mis* |
| *Mnghld* | −0.308 *** | 0.036 ** | −0.311 *** | −0.336 *** | 0.024 | −0.338 *** |
| | （0.022） | （0.017） | （0.022） | （0.023） | （0.018） | （0.023） |
| *Bsize* | −0.007 | 0.013 | −0.008 | −0.007 | 0.013 | −0.008 |
| | （0.018） | （0.014） | （0.018） | （0.018） | （0.014） | （0.018） |
| *Indrct* | 0.357 *** | 2.435 *** | 0.119 * | 0.362 *** | 2.436 *** | 0.127 * |
| | （0.062） | （0.048） | （0.069） | （0.062） | （0.048） | （0.069） |
| *Dual* | 0.006 | 0.004 | 0.005 | 0.005 | 0.004 | 0.005 |
| | （0.008） | （0.006） | （0.008） | （0.008） | （0.006） | （0.008） |
| *Salary* | 0.030 *** | 0.020 *** | 0.028 *** | 0.031 *** | 0.020 *** | 0.029 *** |
| | （0.005） | （0.004） | （0.005） | （0.005） | （0.004） | （0.005） |
| *Intercept* | −0.055 | −0.639 *** | 0.007 | −0.050 | −0.635 *** | 0.011 |
| | （0.098） | （0.076） | （0.098） | （0.097） | （0.075） | （0.098） |
| Year & Industry | Y | Y | Y | Y | Y | Y |
| *N* | 10932 | 10932 | 10932 | 10932 | 10932 | 10932 |
| *F* | 125.64 *** | 235.85 *** | 124.96 *** | 126.30 *** | 236.10 *** | 125.56 *** |
| *Adj_R²* | 0.339 | 0.492 | 0.343 | 0.340 | 0.492 | 0.344 |
| Sobel 检验 | | 1.72 * | | | 2.79 *** | |

注：括号中为标准误，＊＊＊、＊＊、＊分别表示1%、5%和10%的显著性水平。

### 三、稳健性检验

为确保研究结论的可靠性，本书进行了如下一些稳健性检验：（1）替换 *Mis*，按照第六章稳健性检验的定义方法，重新定义了股票错误定价。（2）剔除激励有效期以外的样本。稳健性检验结果除个别变量的显著性稍有差别外，与前文结果基本一致，表明本章的研究结论是比较稳健的。

## 第四节　本章研究结论

本章构建了两个代理成本指数度量管理层代理冲突，在此基础上检验其在股权激励影响股票错误定价过程中的中介效应，以考察管理层股权激励影响股票错误定价的经济机制。检验结果显示，两类代理成本指数在股权激励影响股票错误定价的过程中发挥了显著的中介效应，即股权激励通过加剧管理层代理冲突继而加剧了上市公司股票错误定价。总体而言，本章的研究结果表明，股权激励恶化管理层代理问题是其加剧上市公司股票错误定价的重要机制之一。

本章附表

### 稳健性检验结果

#### 附录 7 - 1　替换因变量为 *Mis*1

附表 7 - 1 - 1　　　　*AcIndex* 的中介效应检验结果

| 模型 | (1) | (2) | (3) | (4) | (5) | (6) |
|------|-----|-----|-----|-----|-----|-----|
| 因变量 | *Mis*1 | *AcIndex* | *Mis*1 | *Mis*1 | *AcIndex* | *Mis*1 |
| *IP* | 0.043 *** | 0.003 | 0.043 *** | | | |
| | (0.009) | (0.003) | (0.009) | | | |
| *Incent* | | | | 0.093 *** | 0.011 ** | 0.090 *** |
| | | | | (0.014) | (0.004) | (0.014) |
| *AcIndex* | | | 0.277 *** | | | 0.274 *** |
| | | | (0.031) | | | (0.031) |
| *Intercept* | 4.380 *** | 0.543 *** | 4.230 *** | 4.378 *** | 0.546 *** | 4.228 *** |
| | (0.104) | (0.032) | (0.105) | (0.103) | (0.032) | (0.104) |

续表

| 模型 | （1） | （2） | （3） | （4） | （5） | （6） |
|---|---|---|---|---|---|---|
| 因变量 | Mis1 | AcIndex | Mis1 | Mis1 | AcIndex | Mis1 |
| Controls | Y | Y | Y | Y | Y | Y |
| Year & Industry | Y | Y | Y | Y | Y | Y |
| N | 10932 | 10932 | 10932 | 10932 | 10932 | 10932 |
| F | 237.39 *** | 285.54 *** | 235.58 *** | 238.24 *** | 285.78 *** | 236.34 *** |
| Adj _ R² | 0.493 | 0.540 | 0.497 | 0.494 | 0.540 | 0.498 |
| Sobel 检验 | | 0.94 | | | 2.33 ** | |

注：括号中为标准误，＊＊＊、＊＊、＊分别表示1%、5%和10%的显著性水平。

附表 7 - 1 - 2          **LnAcIndex 的中介效应检验结果**

| 模型 | （1） | （2） | （3） | （4） | （5） | （6） |
|---|---|---|---|---|---|---|
| 因变量 | Mis1 | LnAcIndex | Mis1 | Mis1 | LnAcIndex | Mis1 |
| IP | 0.043 *** (0.009) | 0.012 * (0.007) | 0.042 *** (0.009) | | | |
| Incent | | | | 0.093 *** (0.014) | 0.031 *** (0.010) | 0.090 *** (0.014) |
| LnAcIndex | | | 0.096 *** (0.013) | | | 0.094 *** (0.013) |
| Intercept | 4.380 *** (0.104) | − 0.639 *** (0.076) | 4.442 *** (0.104) | 4.378 *** (0.103) | − 0.635 *** (0.075) | 4.438 *** (0.103) |
| Controls | Y | Y | Y | Y | Y | Y |
| Year & Industry | Y | Y | Y | Y | Y | Y |
| N | 10932 | 10932 | 10932 | 10932 | 10932 | 10932 |
| F | 237.39 *** | 235.85 *** | 234.51 *** | 238.24 *** | 236.10 *** | 235.28 *** |
| Adj _ R² | 0.493 | 0.492 | 0.496 | 0.494 | 0.492 | 0.497 |
| Sobel 检验 | | 1.71 * | | | 2.33 ** | |

注：括号中为标准误，＊＊＊、＊＊、＊分别表示1%、5%和10%的显著性水平。

## 附录 7 – 2　替换因变量为 *Mis2*

附表 7 – 2 – 1　　　　　　　*AcIndex* 的中介效应检验结果

| 模型 | (1) | (2) | (3) | (4) | (5) | (6) |
|---|---|---|---|---|---|---|
| 因变量 | *Mis2* | *AcIndex* | *Mis2* | *Mis2* | *AcIndex* | *Mis2* |
| *IP* | 0. 102 *** | 0. 003 | 0. 100 *** | | | |
| | (0. 030) | (0. 003) | (0. 030) | | | |
| *Incent* | | | | 0. 231 *** | 0. 010 ** | 0. 222 *** |
| | | | | (0. 047) | (0. 004) | (0. 047) |
| *AcIndex* | | | 0. 809 *** | | | 0. 801 *** |
| | | | (0. 103) | | | (0. 103) |
| *Intercept* | 10. 438 *** | 0. 530 *** | 10. 009 *** | 10. 442 *** | 0. 533 *** | 10. 015 *** |
| | (0. 345) | (0. 032) | (0. 348) | (0. 343) | (0. 032) | (0. 347) |
| *Controls* | Y | Y | Y | Y | Y | Y |
| *Year & Industry* | Y | Y | Y | Y | Y | Y |
| *N* | 10693 | 10693 | 10693 | 10693 | 10693 | 10693 |
| *F* | 56. 46 *** | 279. 77 *** | 56. 88 *** | 56. 80 *** | 279. 99 *** | 57. 18 *** |
| *Adj _ R²* | 0. 189 | 0. 540 | 0. 194 | 0. 190 | 0. 540 | 0. 195 |
| Sobel 检验 | | 0. 91 | | | 2. 25 ** | |

注：括号中为标准误，＊＊＊、＊＊、＊分别表示 1%、5% 和 10% 的显著性水平。

附表 7 – 2 – 2　　　　　　　*LnAcIndex* 的中介效应检验结果

| 模型 | (1) | (2) | (3) | (4) | (5) | (6) |
|---|---|---|---|---|---|---|
| 因变量 | *Mis2* | *LnAcIndex* | *Mis2* | *Mis2* | *LnAcIndex* | *Mis2* |
| *IP* | 0. 102 *** | 0. 012 * | 0. 100 *** | | | |
| | (0. 030) | (0. 007) | (0. 030) | | | |
| *Incent* | | | | 0. 231 *** | 0. 031 *** | 0. 223 *** |
| | | | | (0. 047) | (0. 011) | (0. 047) |

续表

| 模型 | （1） | （2） | （3） | （4） | （5） | （6） |
|------|------|------|------|------|------|------|
| 因变量 | *Mis2* | *LnAcIndex* | *Mis2* | *Mis2* | *LnAcIndex* | *Mis2* |
| *LnAcIndex* | | | 0. 253 *** | | | 0. 250 *** |
| | | | （0. 043） | | | （0. 043） |
| *Intercept* | 10. 438 *** | − 0. 666 *** | 10. 606 *** | 10. 442 *** | − 0. 663 *** | 10. 607 *** |
| | （0. 345） | （0. 077） | （0. 345） | （0. 343） | （0. 077） | （0. 344） |
| *Controls* | Y | Y | Y | Y | Y | Y |
| *Year & Industry* | Y | Y | Y | Y | Y | Y |
| *N* | 10693 | 10693 | 10693 | 10693 | 10693 | 10693 |
| *F* | 56. 46 *** | 230. 50 *** | 56. 16 *** | 56. 80 *** | 230. 74 *** | 56. 47 *** |
| *Adj _ R²* | 0. 189 | 0. 491 | 0. 192 | 0. 190 | 0. 540 | 0. 193 |
| Sobel 检验 | | 1. 65 * | | | 2. 60 *** | |

注：括号中为标准误，＊＊＊、＊＊、＊分别表示1%、5%和10%的显著性水平。

## 附录 7 – 3 替换因变量为 *Mis3*

附表 7 – 3 – 1　　　　　　*AcIndex* 的中介效应检验结果

| 模型 | （1） | （2） | （3） | （4） | （5） | （6） |
|------|------|------|------|------|------|------|
| 因变量 | *Mis3* | *AcIndex* | *Mis3* | *Mis3* | *AcIndex* | *Mis3* |
| *IP* | 0. 032 *** | 0. 003 | 0. 032 *** | | | |
| | （0. 009） | （0. 003） | （0. 009） | | | |
| *Incent* | | | | 0. 078 *** | 0. 010 ** | 0. 076 *** |
| | | | | （0. 014） | （0. 004） | （0. 013） |
| *AcIndex* | | | 0. 268 *** | | | 0. 265 *** |
| | | | （0. 030） | | | （0. 030） |
| *Intercept* | − 0. 116 | 0. 530 *** | − 0. 258 *** | − 0. 112 | 0. 533 *** | − 0. 253 ** |
| | （0. 099） | （0. 032） | （0. 100） | （0. 098） | （0. 032） | （0. 099） |

续表

| 模型 | （1） | （2） | （3） | （4） | （5） | （6） |
|------|------|------|------|------|------|------|
| 因变量 | *Mis3* | *AcIndex* | *Mis3* | *Mis3* | *AcIndex* | *Mis3* |
| *Controls* | Y | Y | Y | Y | Y | Y |
| *Year & Industry* | Y | Y | Y | Y | Y | Y |
| *N* | 10693 | 10693 | 10693 | 10693 | 10693 | 10693 |
| *F* | 119. 72 *** | 279. 77 *** | 119. 79 *** | 120. 38 *** | 279. 99 *** | 120. 39 *** |
| *Adj _ R²* | 0. 333 | 0. 540 | 0. 338 | 0. 334 | 0. 540 | 0. 339 |
| Sobel 检验 | | 0. 91 | | | 2. 27 ** | |

注：括号中为标准误，＊＊＊、＊＊、＊分别表示1%、5%和10%的显著性水平。

附表 7 – 3 – 2　　　　　　　*LnAcIndex* 的中介效应检验结果

| 模型 | （1） | （2） | （3） | （4） | （5） | （6） |
|------|------|------|------|------|------|------|
| 因变量 | *Mis3* | LnAcIndex | *Mis3* | *Mis3* | LnAcIndex | *Mis3* |
| *IP* | 0. 032 *** | 0. 012 * | 0. 031 *** | | | |
| | (0. 009) | (0. 007) | (0. 009) | | | |
| *Incent* | | | | 0. 078 *** | 0. 031 *** | 0. 075 *** |
| | | | | (0. 014) | (0. 011) | (0. 013) |
| LnAcIndex | | | 0. 097 *** | | | 0. 095 *** |
| | | | (0. 012) | | | (0. 012) |
| *Intercept* | − 0. 116 | − 0. 666 *** | − 0. 052 | − 0. 112 | − 0. 663 *** | − 0. 048 |
| | (0. 099) | (0. 077) | (0. 099) | (0. 098) | (0. 077) | (0. 098) |
| *Controls* | Y | Y | Y | Y | Y | Y |
| *Year & Industry* | Y | Y | Y | Y | Y | Y |
| *N* | 10693 | 10693 | 10693 | 10693 | 10693 | 10693 |
| *F* | 119. 72 *** | 230. 50 *** | 119. 11 *** | 120. 38 *** | 230. 74 *** | 119. 71 *** |
| *Adj _ R²* | 0. 333 | 0. 491 | 0. 337 | 0. 334 | 0. 540 | 0. 338 |
| Sobel 检验 | | 1. 68 * | | | 2. 72 *** | |

注：括号中为标准误，＊＊＊、＊＊、＊分别表示1%、5%和10%的显著性水平。

## 附录 7 - 4　剔除激励有效期以外的样本

附表 7 - 4 - 1　　　　　　　*AcIndex* 的中介效应检验结果

| 模型 | （1） | （2） | （3） | （4） | （5） | （6） |
|---|---|---|---|---|---|---|
| 因变量 | *Mis* | *AcIndex* | *Mis* | *Mis* | *AcIndex* | *Mis* |
| IP | 0.036 *** | 0.004 | 0.035 *** | | | |
| | (0.009) | (0.003) | (0.009) | | | |
| Incent | | | | 0.083 *** | 0.013 *** | 0.080 *** |
| | | | | (0.014) | (0.005) | (0.014) |
| AcIndex | | | 0.273 *** | | | 0.270 *** |
| | | | (0.030) | | | (0.030) |
| Intercept | − 0.044 | 0.552 *** | − 0.195 * | − 0.044 | 0.553 *** | − 0.193 * |
| | (0.099) | (0.032) | (0.100) | (0.099) | (0.032) | (0.100) |
| Controls | Y | Y | Y | Y | Y | Y |
| Year & Industry | Y | Y | Y | Y | Y | Y |
| N | 10714 | 10714 | 10714 | 10714 | 10714 | 10714 |
| F | 123.34 *** | 279.09 *** | 123.40 *** | 123.98 *** | 279.38 *** | 123.98 *** |
| $Adj\_R^2$ | 0.339 | 0.539 | 0.345 | 0.341 | 0.539 | 0.346 |
| Sobel 检验 | | 1.46 | | | 2.70 *** | |

注：括号中为标准误，＊＊＊、＊＊、＊分别表示1%、5%和10%的显著性水平。

附表 7 - 4 - 2　　　　　　　**LnAcIndex** 的中介效应检验结果

| 模型 | （1） | （2） | （3） | （4） | （5） | （6） |
|---|---|---|---|---|---|---|
| 因变量 | *Mis* | LnAcIndex | *Mis* | *Mis* | LnAcIndex | *Mis* |
| IP | 0.036 *** | 0.016 ** | 0.034 *** | | | |
| | (0.009) | (0.007) | (0.009) | | | |
| Incent | | | | 0.083 *** | 0.035 *** | 0.080 *** |
| | | | | (0.014) | (0.011) | (0.014) |

续表

| 模型 | （1） | （2） | （3） | （4） | （5） | （6） |
|------|------|------|------|------|------|------|
| 因变量 | *Mis* | *LnAcIndex* | *Mis* | *Mis* | *LnAcIndex* | *Mis* |
| *LnAcIndex* | | | 0.097 *** | | | 0.096 *** |
| | | | (0.013) | | | (0.013) |
| *Intercept* | −0.044 | −0.619 *** | 0.016 | −0.044 | −0.619 *** | 0.016 |
| | (0.099) | (0.076) | (0.099) | (0.099) | (0.076) | (0.099) |
| *Controls* | Y | Y | Y | Y | Y | Y |
| *Year & Industry* | Y | Y | Y | Y | Y | Y |
| *N* | 10714 | 10714 | 10714 | 10714 | 10714 | 10714 |
| *F* | 123.34 *** | 231.52 *** | 122.65 *** | 123.98 *** | 231.76 *** | 123.23 *** |
| *Adj _ R²* | 0.339 | 0.492 | 0.343 | 0.341 | 0.492 | 0.344 |
| Sobel 检验 | | 2.13 ** | | | 3.00 *** | |

注：括号中为标准误，＊＊＊、＊＊、＊分别表示1%、5%和10%的显著性水平。

# 第八章
# 公司特征、股权激励与股票错误定价

显然，对具有不同特征的上市公司而言，管理层股权激励的实施状况以及公司股票的估值状态都会存在差异，这也会导致股权激励对股票错误定价的影响在各种不同的公司中存在差异化的表现。本章拟从公司产权性质、公司成长性和融资约束程度等维度出发，考察不同特征的公司中股权激励的异质性影响。

## 第一节　研究假设

### 一、产权性质、股权激励与股票错误定价

国有企业改革是设立和发展中国资本市场的重要推手，中国资本市场的发展与国有企业改革之间存在着天然的紧密联系。因此，在中国资本市场很长的一段发展历程中，国有上市公司无论在规模还是数量上均占据着主导地位。随着经济体制改革进一步深化和市场经济机制进一步发展，民营企业、混合所有制企业在资本市场中的比重越来越高，它们在公司治理、发展路径、企业效率等方面均与国有上市公司存在很大差别。因此，研究中国上市公司的异质性，产权性质是无法回避的重要

特征。

产权性质会影响股权激励效应的发挥，导致国有上市公司和非国有上市公司中管理层股权激励对股票错误定价可能产生差异化影响。众所周知，国有上市公司多由计划经济体制下的国有企业改制而来，其最终控制人为政府及其代理人，因而往往需要承担一定的政策性负担，具有除利润最大化等财务目标以外的社会和政治目标，如维持就业、保障民生等。在国有上市公司的目标框架下，其高管的目标函数更加复杂，呈现出多元化和动态性的特征（姜涛和王怀明，2012）。国有上市公司的高管往往是由上级主管部门行政任命，受历史演变历程和特殊制度背景的影响，他们的预期目标除了获取经济利益外，更重要的是在公司运作管理中取得"政绩"，以利于仕途的进一步发展（姜涛和王怀明，2012）。而且，对国有企业管理层的评价和考核被纳入政府官员管理体系之中，并不仅仅依赖公司业绩。由此，国有企业管理层往往更可能选择满足政府的要求，而不是其他股东的要求（Chen 等，2013），最终大大降低了股权激励在国有上市公司中的激励作用（Fang 等，2015）。

同时，由于国有上市公司股权集中度较高，国家及其代理人所持有的股权较大，从而使得用于高管激励的股权比例较低，最终限制了股权激励的有效发挥（姜涛和王怀明，2012）。国内许多研究提供了国有上市公司股权激励作用较弱的证据。李春涛和宋敏（2010）研究认为，国有产权弱化了 CEO 薪酬激励对创新的促进作用。孙菁等（2016）的检验结果显示，在非国有性质的企业内实施股权激励则有助于调动企业研发的积极性，增加企业的研发支出，而在国有性质企业内实施股权激励反而对企业的研发动机具有抑制作用。

进一步地，由于国有上市公司天然存在的"所有者缺位"问题，管理层特别是高管是企业事实上的内部控制人。在这种情况下，股权激励极有可能成为这些内部控制人攫取私有收益的工具。一方面，国有上市公司高管的薪酬决定机制特别是货币薪酬的支付水平，并非完全由市场确定，也并不完全取决于公司的盈利能力和发展水平，可能并不能真正反映高管的人力资本价值。另一方面，国有上市公司高管作为企业内部控制人，有能力影响上市公司薪酬委员会或董事会，制定更加符合自身利益最大化的股权激励政策。王烨等（2012）的研究发现，相对于非国资控股公司，国资控股公司推出的股权激励计划所设定的行权价格更低。这一结果为国有上市公司管理层更可能通过股权激励计划实施机会主义行为提供了经验证据。

综上所述，本书提出以下研究假设：

$H_7$：相对于非国有上市公司，国有上市公司的管理层股权激励可能具有更弱的激励效应，或更强的堑壕效应，因此对股票错误定价可能具有更为显著的影响。

**二、公司成长性、股权激励与股票错误定价**

企业成长性反映了企业所面临的投资机会的多寡以及对投资机会的把握能力（Lang 等，1996）。黎文靖和郑曼妮（2016）认为成长性在一定程度上决定了未来企业投资扩展的空间，表现在：第一，高成长性企业一般代表了行业未来的发展方向，技术和管理上优势突出，可持续发展能力强，发展前景好，能得到高投资回报，面临更多投资净现值为正的项目和更好的投资机遇，扩张投资的机会也更大；第二，高成长企业凭借较小的规模、更低的负债水平和更强的盈利能力掌握更多的资源，更具有扩张投资的能力；第三，高成长性企业意味着企业的市值更高，购买新的厂房、设备等费用低于企业的市值，这意味着企业只需出让较少部分的控制权即可购入较多新投资商品，其投资扩张动机更强；第四，高成长性的企业也更容易获得银行的青睐，在其他条件相当的情况下，能够获得更多的贷款，贷款成本也更低，从而对其投资扩张形成有力的支撑。总体而言，相较于低成长性的企业，高成长性的企业未来扩张投资的动机更强、机会更大、条件也更成熟。

不同成长性的公司在薪酬体系及其激励机制等方面存在很大差异。Antle 和 Smith（1986）发现，在高成长的公司中，薪酬差距会随着公司规模的增加而扩大；但在低成长公司中，并没有发现薪酬差距随公司规模的增加而加大或减少的证据。随着公司薪酬体系和激励机制的逐渐改变，当股权激励成为上市公司薪酬体系重要组成部分时，股权激励契约要素的设计及执行以及股权激励效应同样受到公司成长性的影响。吴文华和姚丽华（2014）认为新兴产业、成长性好的公司其股价上升空间更大，因此股权激励对核心骨干员工创新绩效的激励效果也会更加显著。靳光辉（2015）发现我国上市公司高管持股激励强度对迎合行为显著为正的调节作用在高成长性公司表现得更为显著。何孝星和叶展（2017）研究发现，我国上市公司股权激励水平与股价崩盘风险之间的正相关关系会随着公司成长性的提高而减弱。这表明，公司成长性反而削弱了股权激励的激励效应。

由此可见，已有研究关于公司成长性影响股权激励及其效应的结论并不一致。因此，在考察股权激励与股票错误定价的关系中，公司成长性的影响在理论上可能是多维的。

一方面，由于成长性反映了公司未来的投资机会，继而会影响上市公司的财务决策和管理层在短期利益与长期利益之间的权衡。吴育辉和吴世农（2011）通过建立理论模型论证得出，在大股东掏空和管理层自利双重代理问题存在的前提下，公司成长性越高，管理层自利的程度越低。相反，在成长性较低的公司中，形成负面信息的"因子"较多，负面信息的数量更大（王化成等，2014），当这些低成长性的公司实施股权激励时，管理层隐藏负面信息和实施盈余管理的动机更强（何孝星和叶展，2017）。首先，管理层需要达到股票期权行权或限制性股票的解锁条件，实施盈余管理的动机和可能性增加，从而可能导致股票错误定价。其次，为确保对股票期权行权或解锁限制性股票获益，管理层也具有维持或推动短期股价升高的意愿。由此，在低成长性的公司中，股权激励对股票错误定价的影响可能会更加显著。

另一方面，由于高成长性公司中管理层拥有更多关于投资项目价值的私有信息，与股东及董事会之间的信息不对称程度更高。拥有更多投资机会的高成长公司更频繁授予管理层股票期权，且这些管理者的行为更难被观测和监督，股东和外部董事难以判断管理层所选投资项目的真实状况（Smith 和 Watts，1992）。在这种情况下，理性的管理层很可能利用股权激励作为获取私有收益的手段，从而加剧股权激励的堑壕效应，产生股票错误定价。特别是对于成长性较低、投资机会较少的公司而言，较高的自由现金流容易诱发管理层滥用自由现金流在职消费、进行过度投资实施帝国建造等代理行为。在此情况下，股权激励有助于降低公司自由现金流水平，抑制管理层机会主义行为，降低管理层代理成本，从而发挥积极的治理效应。由此，在低成长性的公司中，股权激励可能并不会加剧甚至会降低股票错误定价。

为此，本书提出两个竞争性的研究假设：

$H_{8a}$：其他条件不变时，上市公司股票错误定价与管理层股权激励之间的正相关关系在高成长性公司中更为显著；

$H_{8b}$：其他条件不变时，上市公司股票错误定价与管理层股权激励之间的正相关关系在低成长性公司中更为显著。

### 三、融资约束、股权激励与股票错误定价

股权激励既是公司治理的重要手段，也是公司薪酬结构的重要组成部分。显然，当公司给予员工的薪酬水平一定时，股权激励占总薪酬的比重与货币薪酬的比重此消彼长，因此，公司面临的融资约束水平会通过影响公司的货币支出，继而影响公司股权激励的意愿和强度。依据融资约束理论，当面临的融资约束程度越高时，公司越倾向于采用股权激励代替货币薪酬以缓解其现金支出压力。Core 和 Guay（2001）考察了非高管员工股权激励与公司融资约束之间的关系，发现当公司面临资本要求和融资约束时会使用更多的股票期权薪酬。陈艳艳（2015）发现我国上市公司融资约束越大，授予员工的股票份额越高，越倾向于以股权激励代替工资奖金作为员工薪酬，以减少公司的现金支出压力。然而，另外一些学者提出了相反的证据，如 Ittner 等（2003）、Oyer 和 Schaefer（2005）、Bergman 和 Jenter（2007）等的研究。

与对非管理层员工实施股权激励的动机不同，上市公司对管理层的股权激励除了存在缓解融资约束的目的以外，更主要的原因应该是希望通过股权激励达到对管理层的有效激励。从理论上来说，股权激励的本意是拓展管理层的视野，将管理层个人利益与企业长期收益绑定，从而实现其激励效应。然而，股权激励能够发挥激励效应的前提是，管理层能够按照企业利益最大化的目标函数实施投资、融资、分配等一系列财务决策，其中投资决策是实现企业增长和管理层自身利益最重要的手段。

在完美的资本市场中，企业投资决策的唯一依据是其未来面临的投资机会，然而现实中由于金融摩擦和信息不对称的存在，企业的投资决

策必然会受到其面临的融资约束状况的影响。由于股权激励旨在平衡管理层的长短期收益，通过改变管理层的收益结构而使管理层更加注重长期收益，但是当公司长期收益的实现受到融资约束状况制约时，股权激励的作用和功能同样会受到抑制。换言之，现实中公司面临不同程度的融资约束，最终会导致股权激励效应存在差别。胡艳和马连福（2015）发现我国创业板公司高管薪酬与创新投入的正相关关系被融资约束所抑制。胡艳和马连福（2015）、刘井建等（2017）认为，依据委托代理理论和自由现金流假说，持有现金在某些情况下将被高管攫取以谋取私利，股权激励计划对低投资机会和低融资约束公司现金的减持作用的影响更为显著。

进一步地，当融资约束制约了股权激励对管理层对长期收益的追求时，反而可能会促使其在考虑收益结构时赋予短期收益更高的权重。换句话说，融资约束的存在，一定程度上还可能诱使管理层更倾向于利用股权激励为自身谋取私有收益。因此，融资约束反而会加剧股权激励的"堑壕"效应，由此，股权激励对上市公司股票错误定价的加剧效应可能会在融资约束更大的上市公司中表现得更为显著。

另外，对于低融资约束公司而言，当公司面临投资机会时，公司能够以较低的成本获得外部融资，从而使公司内部资金得以保留。换言之，低融资约束公司可能会产生更多的自由现金流，从而产生更大的管理层代理问题，如管理层挥霍内部自由现金流进行在职消费、进行过度投资等。同时，充足的自由现金流的存在也为管理层维护或抬升短期股价进行迎合投资提供了必要条件。因此，管理层股权激励对股票错误定价的影响也可能在低融资约束公司中更显著。

综合以上分析，本书提出以下竞争性研究假设：

$H_{9a}$：其他条件不变时，上市公司股票错误定价与管理层股权激励之间的正相关关系在高融资约束公司中更为显著；

H$_{9b}$：其他条件不变时，上市公司股票错误定价与管理层股权激励之间的正相关关系在低融资约束公司中更为显著。

## 第二节　实证结果分析

### 一、公司特征对上市公司股权激励状况的影响分析

首先，本书采用单变量检验方法分析不同特征的公司中股权激励的实施状况，结果如表 8 - 1 所示。Panel A 是按照公司产权性质分组检验的结果，国有上市公司 IP 和 Incent 的均值分别为 0.046 和 0.015，显著低于非国有上市公司（IP 和 Incent 的均值分别为 0.326 和 0.204），表明国有上市公司管理层股权激励的实施意愿和力度均远远低于非国有上市公司。

其次，本书以营业收入增长率度量上市公司成长性，将营业收入增长率高于样本 65% 分位数的样本定义为高成长性公司，将营业收入增长率低于样本 35% 分位数的定义为低成长性公司。Panel B 是按照公司成长性分组检验的结果，可以看出，高成长性公司具有更强的股权激励意愿和更大的股权激励力度。高成长性公司 IP 和 Incent 的均值分别为 0.250 和 0.157，显著高于低成长性公司，后者 IP 和 Incent 的均值分别为 0.136 和 0.073。

最后，本书借鉴徐寿福等（2016）的做法，采用 Hadlock 和 Pierce（2010）构建的 SA 指数度量上市公司的融资约束程度。SA 指数的计算公式为：-0.737 × 公司规模 + 0.043 × 公司规模的平方 - 0.04 × 公司年龄。SA 指数越大，表征上市公司的融资约束程度越低。本书以 SA 指数作为分组标准，将 SA 指数低于样本 35% 分位数的公司定义为高融资约

束公司，将 SA 指数高于样本 65% 分位数的公司定义为低融资约束公司。Panel C 列示了按照上市公司融资约束程度分组检验的结果。表 8 - 1 中显示，高融资约束公司 *IP* 的均值为 0.185，低融资约束公司 *IP* 的均值 0.193，两者在统计上没有显著差异。但高融资约束公司 *Incent* 的均值为 0.117，显著高于低融资约束公司 *Incent* 的均值 0.103，从而表明融资约束较高的公司股权激励力度更大。

表 8 - 1　　　　　　　不同特征上市公司的股权激励状况比较

| 组别 | *IP* 均值 | 差异比较（*t* 值） | *Incent* 均值 | 差异比较（*t* 值） |
|---|---|---|---|---|
| Panel A：按公司产权性质分组 | | | | |
| 国有上市公司 | 0.046 | 42.99 *** | 0.015 | 43.43 *** |
| 非国有上市公司 | 0.326 | | 0.204 | |
| Panel B：按公司成长性分组 | | | | |
| 高成长性公司 | 0.250 | 13.91 *** | 0.157 | 15.27 *** |
| 低成长性公司 | 0.136 | | 0.073 | |
| Panel C：按融资约束程度分组 | | | | |
| 高融资约束公司 | 0.185 | 0.93 | 0.117 | 2.66 *** |
| 低融资约束公司 | 0.193 | | 0.103 | |

注：*t* 值均为绝对值，＊＊＊表示 1% 的显著性水平。

## 二、不同特征公司中股权激励对股票错误定价的影响检验

### （一）产权性质、股权激励与股票错误定价

表 8 - 2 中第（1）列和第（2）列以 *IP* 为解释变量，分别检验国有上市公司和非国有上市公司中股权激励对股票错误定价的影响。两列中 *IP* 的系数虽然为正但并不显著，第（1）列中 *IP* 的系数为 0.045，第（2）列中 *IP* 的系数为 0.025。对两列中 *IP* 的系数进行比较检验，结果显示卡方值仅为 0.92，统计上并不显著，没有证据表明是否实施股权激励对股票错误定价的影响在国有上市公司和非国有上市公司中存

在显著差异。第（3）列和第（4）列中 *Incent* 的系数分别为 0.203 和 0.063，统计上显著为正，表明无论是国有上市公司还是非国有上市公司，股票错误定价均与股权激励力度显著正相关。对两组系数进行检验的结果显示，第（3）列 *Incent* 的系数显著大于第（4）列（卡方值为 8.86），表明股票错误定价与股权激励力度之间的正相关关系在国有上市公司中更为显著，从而支持了研究假设 $H_7$。

总体来看，表 8-2 的结果能够提供一定的证据支持，股权激励对上市公司股票错误定价的影响在国有上市公司中更为显著，从而表明管理层股权激励在国有上市公司中更容易发挥堑壕效应。本书的研究结果也为产权性质会影响股权激励效应的论断提供了来自股票市场表现的证据。

表 8-2　　　　　　　产权性质、股权激励与股票错误定价

| 模型 | （1）国有上市公司 | （2）非国有上市公司 | （3）国有上市公司 | （4）非国有上市公司 |
|---|---|---|---|---|
| *IP* | 0.045 | 0.025 * | | |
| | (0.034) | (0.014) | | |
| *Incent* | | | 0.203 *** | 0.063 *** |
| | | | (0.074) | (0.021) |
| *Size* | 0.004 | − 0.090 *** | 0.003 | − 0.091 *** |
| | (0.009) | (0.011) | (0.009) | (0.011) |
| *Lev* | − 0.139 *** | 0.076 | − 0.140 *** | 0.077 * |
| | (0.049) | (0.047) | (0.049) | (0.047) |
| *Age* | − 0.035 | − 0.006 | − 0.036 | − 0.006 |
| | (0.033) | (0.028) | (0.033) | (0.028) |
| *Growth* | − 0.008 | − 0.007 | − 0.007 | − 0.008 |
| | (0.017) | (0.016) | (0.017) | (0.016) |
| *ROA* | 0.550 *** | 0.836 *** | 0.530 *** | 0.817 *** |
| | (0.187) | (0.165) | (0.187) | (0.165) |

续表

| 模型 | （1） | （2） | （3） | （4） |
|------|------|------|------|------|
|      | 国有上市公司 | 非国有上市公司 | 国有上市公司 | 非国有上市公司 |
| Cash | −0.098 | 0.143 ** | −0.095 | 0.143 ** |
|      | (0.073) | (0.072) | (0.073) | (0.072) |
| First | 0.036 | 0.081 | 0.042 | 0.09 |
|      | (0.064) | (0.063) | (0.064) | (0.063) |
| $Z_5$ | 0.009 | 0.016 | 0.01 | 0.016 |
|      | (0.017) | (0.014) | (0.017) | (0.014) |
| Insthld | 0.023 | 0.402 *** | 0.022 | 0.398 *** |
|      | (0.075) | (0.116) | (0.075) | (0.115) |
| Mnghld | 0.668 | −0.372 *** | 0.424 | −0.395 *** |
|      | (0.406) | (0.038) | (0.383) | (0.038) |
| Bsize | 0.021 | −0.018 | 0.023 | −0.019 |
|      | (0.041) | (0.044) | (0.040) | (0.044) |
| Indrct | 0.035 | 0.462 *** | 0.033 | 0.465 *** |
|      | (0.121) | (0.136) | (0.119) | (0.136) |
| Dual | −0.034 * | 0.026 * | −0.033 * | 0.026 * |
|      | (0.017) | (0.014) | (0.017) | (0.013) |
| Salary | 0.015 | 0.055 *** | 0.016 | 0.055 *** |
|      | (0.011) | (0.012) | (0.011) | (0.012) |
| Intercept | −0.656 *** | 0.515 ** | −0.650 *** | 0.533 ** |
|      | (0.226) | (0.255) | (0.224) | (0.254) |
| Year & Industry | Y | Y | Y | Y |
| N | 6109 | 6881 | 6109 | 6881 |
| F | 76.29 *** | 87.94 *** | 77.37 *** | 88.39 *** |
| $Adj\_R^2$ | 0.301 | 0.364 | 0.302 | 0.365 |
| 系数检验$\chi^2$ | 0.92 | | 8.86 *** | |

注：括号中为经公司层面聚类处理的稳健标准误，＊＊＊、＊＊、＊分别表示1%、5%和10%的显著性水平。

（二）公司成长性、股权激励与股票错误定价

表8-3将样本按照公司成长性划分成高成长性公司和低成长性公司两组，分别检验股权激励对股票错误定价的影响。表中第（1）列和第（3）列是对高成长性公司检验的结果，*IP*和*Incent*的系数均显著为正，表明高成长性公司中股权激励会加剧股票错误定价。第（2）列和第（4）列中*IP*和*Incent*的系数均不显著，没有证据表明低成长性公司的股票错误定价与股权激励的实施及其力度显著相关。对两组样本系数检验的结果也表明，高成长性公司和低成长性公司中解释变量*IP*和*Incent*的系数均存在显著差异（卡方值分别为14.52和9.01）。表8-3的结果支持了研究假设$H_{8a}$，表明股票错误定价与管理层股权激励的正相关关系在高成长性公司中更为显著。

表8-3　　　　　　　公司成长性、股权激励与股票错误定价

| 模型 | （1）高成长性公司 | （2）低成长性公司 | （3）高成长性公司 | （4）低成长性公司 |
|---|---|---|---|---|
| *IP* | 0.062 *** (0.016) | -0.010 (0.018) | | |
| *Incent* | | | 0.111 *** (0.025) | 0.019 (0.031) |
| *Size* | -0.004 (0.010) | -0.083 *** (0.010) | -0.006 (0.010) | -0.084 *** (0.010) |
| *Lev* | -0.02 (0.047) | -0.03 (0.047) | -0.018 (0.046) | -0.029 (0.047) |
| *Age* | -0.036 (0.027) | -0.033 (0.030) | -0.035 (0.027) | -0.032 (0.030) |
| *Growth* | 0.004 (0.026) | -0.132 *** (0.032) | 0.003 (0.026) | -0.132 *** (0.032) |

续表

| 模型 | （1）高成长性公司 | （2）低成长性公司 | （3）高成长性公司 | （4）低成长性公司 |
|---|---|---|---|---|
| ROA | 1.446 *** | − 0.063 | 1.420 *** | − 0.066 |
|  | (0.195) | (0.153) | (0.195) | (0.153) |
| Cash | 0.057 | − 0.152 * | 0.055 | − 0.151 * |
|  | (0.077) | (0.081) | (0.077) | (0.081) |
| State | − 0.032 * | − 0.037 ** | − 0.035 ** | − 0.034 ** |
|  | (0.017) | (0.017) | (0.017) | (0.016) |
| First | 0.013 | 0.096 | 0.022 | 0.098 * |
|  | (0.060) | (0.059) | (0.060) | (0.059) |
| $Z_5$ | − 0.004 | 0.024 | − 0.003 | 0.024 |
|  | (0.014) | (0.016) | (0.014) | (0.016) |
| Insthld | 0.155 ** | 0.117 | 0.155 ** | 0.118 |
|  | (0.074) | (0.091) | (0.074) | (0.091) |
| Mnghld | − 0.295 *** | − 0.421 *** | − 0.337 *** | − 0.430 *** |
|  | (0.043) | (0.050) | (0.044) | (0.051) |
| Bsize | 0.014 | 0.01 | 0.015 | 0.01 |
|  | (0.040) | (0.042) | (0.039) | (0.042) |
| Indrct | 0.345 *** | 0.387 *** | 0.357 *** | 0.387 *** |
|  | (0.120) | (0.132) | (0.120) | (0.132) |
| Dual | 0.018 | 0.023 | 0.017 | 0.023 |
|  | (0.015) | (0.015) | (0.015) | (0.015) |
| Salary | 0.039 *** | 0.037 *** | 0.041 *** | 0.036 *** |
|  | (0.010) | (0.011) | (0.010) | (0.011) |
| Intercept | − 0.942 *** | 0.734 *** | − 0.959 *** | 0.758 *** |
|  | (0.208) | (0.230) | (0.207) | (0.229) |
| Year & Industry | Y | Y | Y | Y |
| N | 4547 | 4546 | 4547 | 4546 |
| F | 59.72 *** | 42.97 *** | 60.02 *** | 43.27 *** |

续表

| 模型 | (1) | (2) | (3) | (4) |
|---|---|---|---|---|
| | 高成长性公司 | 低成长性公司 | 高成长性公司 | 低成长性公司 |
| $Adj\_R^2$ | 0.380 | 0.332 | 0.382 | 0.332 |
| 系数检验$\chi^2$ | 14.52 *** | | 9.01 *** | |

注：括号中为经公司层面聚类处理的稳健标准误，＊＊＊、＊＊、＊分别表示1%、5%和10%的显著性水平。

根据前文所述，公司成长性对股权激励及其效应的影响是多维的。表8-3的结果表明，我国上市公司股权激励在高成长性公司中具有更大的堑壕效应，对股票错误定价的加剧作用更加显著。表8-1的结果显示，我国资本市场中拥有更多投资机会的高成长性上市公司更倾向于实施（更大力度的）股权激励。与 Smith 和 Watts（1992）的研究结论一致，由于高成长性公司中管理层拥有更多关于投资项目价值的私有信息，与股东及董事会之间的信息不对称程度更高，在这种情况下，理性的管理层很可能利用股权激励作为获取私有收益的手段，从而加剧股权激励的堑壕效应，产生股票错误定价。

（三）融资约束、股权激励与股票错误定价

表8-4是将样本划分为高融资约束公司和低融资约束公司，对股权激励与股票错误定价关系进行分别检验的结果。第（1）列中 IP 和第（3）列中 Incent 的系数虽然为正但均不显著，没有证据表明高融资约束公司的股票错误定价与股权激励的实施及其力度显著相关。第（2）列中 IP 和第（4）列中 Incent 的系数均显著为正，表明低融资约束公司股权激励的实施会显著加剧股票错误定价。对两组模型的系数进行检验，无论是 IP 还是 Incent 的系数，在高融资约束公司组和低融资约束公司组中均存在显著差别（卡方值分别为4.06和6.39），从而支持

了研究假设 $H_{9b}$，表明融资约束程度会影响股权激励与股票错误定价的关系，股票错误定价与管理层股权激励之间的正相关关系在低融资约束公司中更为显著。

表 8 - 4  融资约束、股权激励与股票错误定价

| 模型 | （1） | （2） | （3） | （4） |
|---|---|---|---|---|
| | 高融资约束公司 | 低融资约束公司 | 高融资约束公司 | 低融资约束公司 |
| IP | 0.020 | 0.056 *** | | |
| | （0.020） | （0.019） | | |
| Incent | | | 0.041 | 0.111 *** |
| | | | （0.028） | （0.030） |
| Size | - 0.247 *** | 0.082 *** | - 0.247 *** | 0.081 *** |
| | （0.018） | （0.010） | （0.018） | （0.010） |
| Lev | 0.029 | - 0.027 | 0.029 | - 0.022 |
| | （0.047） | （0.057） | （0.047） | （0.057） |
| Age | 0.012 | - 0.090 *** | 0.013 | - 0.091 *** |
| | （0.032） | （0.029） | （0.032） | （0.029） |
| Growth | - 0.015 | 0.029 ** | - 0.016 | 0.029 ** |
| | （0.020） | （0.015） | （0.020） | （0.015） |
| ROA | 0.511 *** | 1.431 *** | 0.506 *** | 1.413 *** |
| | （0.173） | （0.208） | （0.173） | （0.209） |
| Cash | 0.07 | - 0.02 | 0.07 | - 0.013 |
| | （0.080） | （0.069） | （0.080） | （0.069） |
| State | - 0.014 | - 0.02 | - 0.014 | - 0.022 |
| | （0.021） | （0.019） | （0.021） | （0.018） |
| First | - 0.079 | 0.095 * | - 0.076 | 0.102 ** |
| | （0.081） | （0.051） | （0.081） | （0.052） |
| $Z_5$ | - 0.007 | 0.024 | - 0.007 | 0.025 |
| | （0.017） | （0.016） | （0.017） | （0.016） |
| Insthld | 0.447 *** | - 0.08 | 0.444 *** | - 0.082 |
| | （0.170） | （0.064） | （0.170） | （0.064） |
| Mnghld | - 0.495 *** | - 0.071 | - 0.507 *** | - 0.133 ** |
| | （0.045） | （0.065） | （0.045） | （0.067） |

续表

| 模型 | （1） | （2） | （3） | （4） |
|---|---|---|---|---|
| | 高融资约束公司 | 低融资约束公司 | 高融资约束公司 | 低融资约束公司 |
| *Bsize* | − 0. 110 ** | 0. 058 | − 0. 111 ** | 0. 058 |
| | (0. 050) | (0. 039) | (0. 050) | (0. 039) |
| *Indrct* | 0. 125 | 0. 152 | 0. 125 | 0. 16 |
| | (0. 155) | (0. 108) | (0. 154) | (0. 108) |
| *Dual* | 0. 029 * | 0. 022 | 0. 029 * | 0. 022 |
| | (0. 016) | (0. 016) | (0. 016) | (0. 016) |
| *Salary* | 0. 048 *** | 0. 029 *** | 0. 049 *** | 0. 031 *** |
| | (0. 014) | (0. 011) | (0. 014) | (0. 011) |
| *Intercept* | 4. 121 *** | − 2. 479 *** | 4. 111 *** | − 2. 482 *** |
| | (0. 389) | (0. 225) | (0. 388) | (0. 224) |
| *Year & Industry* | Y | Y | Y | Y |
| *N* | 4546 | 4547 | 4546 | 4547 |
| *F* | 101. 48 *** | 43. 99 *** | 101. 54 *** | 44. 22 *** |
| *Adj _ R²* | 0. 484 | 0. 329 | 0. 484 | 0. 331 |
| 系数检验$\chi^2$ | 4. 06 ** | | 6. 39 ** | |

注：括号中为经公司层面聚类处理的稳健标准误，＊＊＊、＊＊、＊分别表示1%、5%和10%的显著性水平。

### 三、稳健性检验

为确保研究结论的可靠性，本书进行了如下一些稳健性检验。首先，本书重新定义成长性和融资约束的分组标准。第一，本书将营业收入增长率高于样本中位数的样本定义为高成长性公司，将营业收入增长率低于样本中位数的样本定义为低成长性公司。第二，按照类似的方法定义高融资约束公司和低融资约束公司。根据 SA 指数的定义，将 SA 指数高于样本中位数的样本定义为低融资约束公司，将 SA 指数低于样本中位数的样本定义为高融资约束公司。其次，按照第七章稳健性检验的定义方法，重新定义了股票错误定价，将因变量 *Mis* 分别替换为

$Mis1$、$Mis2$ 和 $Mis3$。最后，剔除激励有效期以外的样本。稳健性检验结果除个别变量的显著性稍有差别外，与前文结果基本一致，表明本章的研究结论是比较稳健的。

## 第三节　本章研究结论

本章从上市公司产权性质、公司成长性和融资约束程度等维度出发，考察了不同特征的上市公司中管理层股权激励对股票错误定价的影响。本书研究发现：管理层股权激励对股票错误定价的影响在国有上市公司、高成长性公司和低融资约束公司中更加显著。本书的研究结论表明，管理层股权激励效应的发挥依赖于上市公司各方面的特征，从而在异质性公司中存在差异化的表现。

本章附表

## 稳健性检验结果

### 附录 8 - 1　重新定义成长性及融资约束分组标准

附表 8 - 1 - 1　　　　成长性、股权激励与股票错误定价

| 模型 | （1）<br>高成长性公司 | （2）<br>低成长性公司 | （3）<br>高成长性公司 | （4）<br>低成长性公司 |
|---|---|---|---|---|
| *IP* | 0.051 ***<br>（0.015） | - 0.007<br>（0.017） | | |
| *Incent* | | | 0.088 ***<br>（0.022） | 0.021<br>（0.027） |
| *Intercept* | - 0.774 ***<br>（0.193） | 0.468 **<br>（0.203） | - 0.787 ***<br>（0.192） | 0.489 **<br>（0.202） |

续表

| 模型 | （1）<br>高成长性公司 | （2）<br>低成长性公司 | （3）<br>高成长性公司 | （4）<br>低成长性公司 |
|---|---|---|---|---|
| *Controls* | Y | Y | Y | Y |
| *Year & Industry* | Y | Y | Y | Y |
| *N* | 6495 | 6495 | 6495 | 6495 |
| *F* | 80. 02 *** | 67. 62 *** | 80. 25 *** | 67. 94 *** |
| *Adj _ R²* | 0. 374 | 0. 329 | 0. 375 | 0. 329 |
| 系数检验 $\chi^2$ | 13. 18 *** | | 7. 23 *** | |

注：括号中为经公司层面聚类处理的稳健标准误，＊＊＊、＊＊、＊分别表示1%、5%和10%的显著性水平。

附表 8 – 1 – 2　　　　融资约束、股权激励与股票错误定价

| 模型 | （1）<br>高融资约束公司 | （2）<br>低融资约束公司 | （3）<br>高融资约束公司 | （4）<br>低融资约束公司 |
|---|---|---|---|---|
| *IP* | 0. 027<br>（0. 018） | 0. 042 ***<br>（0. 016） | | |
| *Incent* | | | 0. 062 **<br>（0. 025） | 0. 088 ***<br>（0. 025） |
| *Intercept* | 3. 149 ***<br>（0. 304） | − 2. 150 ***<br>（0. 196） | 3. 152 ***<br>（0. 303） | − 2. 149 ***<br>（0. 195） |
| *Controls* | Y | Y | Y | Y |
| *Year & Industry* | Y | Y | Y | Y |
| *N* | 6494 | 6496 | 6494 | 6496 |
| *F* | 127. 73 *** | 65. 43 *** | 128. 40 *** | 65. 768 |
| *Adj _ R²* | 0. 454 | 0. 33 | 0. 455 | 0. 332 |
| 系数检验 $\chi^2$ | 1. 05 | | 1. 26 | |

注：括号中为经公司层面聚类处理的稳健标准误，＊＊＊、＊＊、＊分别表示1%、5%和10%的显著性水平。

## 附录8－2　将 *Mis* 替换为 *Mis*1

附表8－2－1　　　　产权性质、股权激励与股票错误定价

| 模型 | （1） | （2） | （3） | （4） |
| --- | --- | --- | --- | --- |
| | 国有上市公司 | 非国有上市公司 | 国有上市公司 | 非国有上市公司 |
| *IP* | 0.062 * | 0.032 ** | | |
| | （0.034） | （0.015） | | |
| *Incent* | | | 0.244 *** | 0.072 *** |
| | | | （0.077） | （0.021） |
| *Intercept* | 3.815 *** | 4.967 *** | 3.815 *** | 4.981 *** |
| | （0.235） | （0.261） | （0.233） | （0.259） |
| *Controls* | Y | Y | Y | Y |
| *Year & Industry* | Y | Y | Y | Y |
| *N* | 6109 | 6881 | 6109 | 6881 |
| *F* | 57.97 *** | 85.11 *** | 57.90 *** | 85.93 *** |
| *Adj _ R²* | 0.465 | 0.487 | 0.467 | 0.488 |
| 系数检验 $\chi^2$ | 1.84 | | 11.32 *** | |

注：括号中为经公司层面聚类处理的稳健标准误，＊＊＊、＊＊、＊分别表示1%、5%和10%的显著性水平。

附表8－2－2　　　　成长性、股权激励与股票错误定价

| 模型 | （1） | （2） | （3） | （4） |
| --- | --- | --- | --- | --- |
| | 高成长性公司 | 低成长性公司 | 高成长性公司 | 低成长性公司 |
| *IP* | 0.068 *** | － 0.001 | | |
| | （0.017） | （0.019） | | |
| *Incent* | | | 0.118 *** | 0.030 |
| | | | （0.025） | （0.033） |
| *Intercept* | 3.576 *** | 5.128 *** | 3.556 *** | 5.147 *** |
| | （0.217） | （0.238） | （0.216） | （0.237） |

续表

| 模型 | （1）高成长性公司 | （2）低成长性公司 | （3）高成长性公司 | （4）低成长性公司 |
|---|---|---|---|---|
| Controls | Y | Y | Y | Y |
| Year & Industry | Y | Y | Y | Y |
| N | 4547 | 4546 | 4547 | 4546 |
| F | 64.22*** | 62.80*** | 64.36*** | 63.18*** |
| Adj _ R² | 0.496 | 0.531 | 0.497 | 0.531 |
| 系数检验χ² | 11.82*** | | 7.19*** | |

注：括号中为经公司层面聚类处理的稳健标准误，＊＊＊、＊＊、＊分别表示1%、5%和10%的显著性水平。

附表8－2－3　　　融资约束、股权激励与股票错误定价

| 模型 | （1）高融资约束公司 | （2）低融资约束公司 | （3）高融资约束公司 | （4）低融资约束公司 |
|---|---|---|---|---|
| IP | 0.033 (0.021) | 0.059*** (0.019) | | |
| Incent | | | 0.057* (0.030) | 0.113*** (0.031) |
| Intercept | 8.311*** (0.420) | 2.059*** (0.238) | 8.285*** (0.418) | 2.055*** (0.236) |
| Controls | Y | Y | Y | Y |
| Year & Industry | Y | Y | Y | Y |
| N | 4546 | 4547 | 4546 | 4547 |
| F | 83.72*** | 46.73*** | 83.82*** | 46.52*** |
| Adj _ R² | 0.469 | 0.391 | 0.469 | 0.392 |
| 系数检验χ² | 1.74 | | 3.57* | |

注：括号中为经公司层面聚类处理的稳健标准误，＊＊＊、＊＊、＊分别表示1%、5%和10%的显著性水平。

## 附录 8 – 3 将 *Mis* 替换为 *Mis2*

附表 8 – 3 – 1 产权性质、股权激励与股票错误定价

| 模型 | （1） | （2） | （3） | （4） |
|---|---|---|---|---|
| | 国有上市公司 | 非国有上市公司 | 国有上市公司 | 非国有上市公司 |
| *IP* | 0.124 | 0.077 | | |
| | (0.104) | (0.049) | | |
| *Incent* | | | 0.560 ** | 0.181 ** |
| | | | (0.265) | (0.070) |
| *Intercept* | 7.986 *** | 13.121 *** | 8.003 *** | 13.168 *** |
| | (0.700) | (0.963) | (0.697) | (0.963) |
| *Controls* | Y | Y | Y | Y |
| *Year & Industry* | Y | Y | Y | Y |
| *N* | 5951 | 6740 | 5951 | 6740 |
| *F* | 20.90 *** | 13.16 *** | 20.84 *** | 13.17 *** |
| *Adj _ R²* | 0.198 | 0.225 | 0.200 | 0.226 |
| 系数检验 $\chi^2$ | 0.46 | | 4.73 ** | |

注：括号中为经公司层面聚类处理的稳健标准误，＊＊＊、＊＊、＊分别表示 1%、5% 和 10% 的显著性水平。

附表 8 – 3 – 2 成长性、股权激励与股票错误定价

| 模型 | （1） | （2） | （3） | （4） |
|---|---|---|---|---|
| | 高成长性公司 | 低成长性公司 | 高成长性公司 | 低成长性公司 |
| *IP* | 0.223 *** | – 0.079 | | |
| | (0.057) | (0.060) | | |
| *Incent* | | | 0.373 *** | – 0.020 |
| | | | (0.088) | (0.102) |
| *Intercept* | 8.410 *** | 12.615 *** | 8.336 *** | 12.713 *** |
| | (0.718) | (0.831) | (0.716) | (0.832) |

续表

| 模型 | (1) 高成长性公司 | (2) 低成长性公司 | (3) 高成长性公司 | (4) 低成长性公司 |
|---|---|---|---|---|
| Controls | Y | Y | Y | Y |
| Year & Industry | Y | Y | Y | Y |
| N | 4440 | 4414 | 4440 | 4414 |
| F | 14.04*** | 15.61*** | 14.11*** | 15.61*** |
| Adj _ R² | 0.179 | 0.282 | 0.180 | 0.281 |
| 系数检验χ² | 21.01*** | | 13.29*** | |

注：括号中为经公司层面聚类处理的稳健标准误，＊＊＊、＊＊、＊分别表示1%、5%和10%的显著性水平。

附表8-3-3　　　　融资约束、股权激励与股票错误定价

| 模型 | (1) 高融资约束公司 | (2) 低融资约束公司 | (3) 高融资约束公司 | (4) 低融资约束公司 |
|---|---|---|---|---|
| IP | 0.117 (0.081) | 0.119** (0.047) | | |
| Incent | | | 0.202* (0.117) | 0.236*** (0.074) |
| Intercept | 29.517*** (1.751) | 2.272*** (0.469) | 29.428*** (1.746) | 2.266*** (0.466) |
| Controls | Y | Y | Y | Y |
| Year & Industry | Y | Y | Y | Y |
| N | 4358 | 4496 | 4358 | 4496 |
| F | 16.51*** | 65.24*** | 16.48*** | 65.58*** |
| Adj _ R² | 0.268 | 0.346 | 0.269 | 0.348 |
| 系数检验χ² | 0.00 | | 0.11 | |

注：括号中为经公司层面聚类处理的稳健标准误，＊＊＊、＊＊、＊分别表示1%、5%和10%的显著性水平。

## 附录 8－4　将 *Mis* 替换为 *Mis*3

附表 8－4－1　　　　产权性质、股权激励与股票错误定价

| 模型 | (1) | (2) | (3) | (4) |
|---|---|---|---|---|
| | 国有上市公司 | 非国有上市公司 | 国有上市公司 | 非国有上市公司 |
| *IP* | 0.044 | 0.027 * | | |
| | (0.033) | (0.014) | | |
| *Incent* | | | 0.200 *** | 0.064 *** |
| | | | (0.070) | (0.021) |
| *Intercept* | 0.006 | －0.085 *** | 0.005 | －0.086 *** |
| | (0.009) | (0.011) | (0.009) | (0.011) |
| *Controls* | Y | Y | Y | Y |
| *Year & Industry* | Y | Y | Y | Y |
| *N* | 5951 | 6740 | 5951 | 6740 |
| *F* | 69.74 *** | 87.14 *** | 69.85 *** | 87.50 *** |
| $Adj\_R^2$ | 0.295 | 0.362 | 0.296 | 0.364 |
| 系数检验 $\chi^2$ | 0.66 | | 8.37 *** | |

注：括号中为经公司层面聚类处理的稳健标准误，＊＊＊、＊＊、＊分别表示1%、5%和10%的显著性水平。

附表 8－4－2　　　　成长性、股权激励与股票错误定价

| 模型 | (1) | (2) | (3) | (4) |
|---|---|---|---|---|
| | 高成长性公司 | 低成长性公司 | 高成长性公司 | 低成长性公司 |
| *IP* | 0.063 *** | －0.008 | | |
| | (0.016) | (0.018) | | |
| *Incent* | | | 0.111 *** | 0.023 |
| | | | (0.024) | (0.032) |
| *Intercept* | －0.948 *** | 0.644 *** | －0.965 *** | 0.669 *** |
| | (0.207) | (0.232) | (0.206) | (0.231) |

续表

| 模型 | （1） | （2） | （3） | （4） |
|---|---|---|---|---|
| | 高成长性公司 | 低成长性公司 | 高成长性公司 | 低成长性公司 |
| Controls | Y | Y | Y | Y |
| Year & Industry | Y | Y | Y | Y |
| N | 4440 | 4414 | 4440 | 4414 |
| F | 56.90*** | 40.71*** | 57.21*** | 41.03*** |
| Adj_$R^2$ | 0.376 | 0.324 | 0.378 | 0.324 |
| 系数检验$\chi^2$ | 14.09*** | | 8.20*** | |

注：括号中为经公司层面聚类处理的稳健标准误，＊＊＊、＊＊、＊分别表示1%、5%和10%的显著性水平。

附表8－4－3　　　　融资约束、股权激励与股票错误定价

| 模型 | （1） | （2） | （3） | （4） |
|---|---|---|---|---|
| | 高融资约束公司 | 低融资约束公司 | 高融资约束公司 | 低融资约束公司 |
| IP | 0.024 | 0.054*** | | |
| | （0.020） | （0.019） | | |
| Incent | | | 0.045 | 0.108*** |
| | | | （0.028） | （0.030） |
| Intercept | 4.169*** | －2.465*** | 4.154*** | －2.466*** |
| | （0.392） | （0.225） | （0.390） | （0.224） |
| Controls | Y | Y | Y | Y |
| Year & Industry | Y | Y | Y | Y |
| N | 4358 | 4496 | 4358 | 4496 |
| F | 99.72*** | 43.82*** | 99.77*** | 44.06*** |
| Adj_$R^2$ | 0.481 | 0.325 | 0.481 | 0.326 |
| 系数检验$\chi^2$ | 2.78* | | 5.22** | |

注：括号中为经公司层面聚类处理的稳健标准误，＊＊＊、＊＊、＊分别表示1%、5%和10%的显著性水平。

## 附录 8 – 5　剔除有效期之外的样本

### 附表 8 – 5 – 1　　　产权性质、股权激励与股票错误定价

| 模型 | （1）国有上市公司 | （2）非国有上市公司 | （3）国有上市公司 | （4）非国有上市公司 |
|---|---|---|---|---|
| IP | 0.074 ** | 0.022 | | |
| | （0.033） | （0.014） | | |
| Incent | | | 0.284 *** | 0.060 *** |
| | | | （0.072） | （0.021） |
| Intercept | − 0.648 *** | 0.626 ** | − 0.650 *** | 0.644 ** |
| | （0.226） | （0.257） | （0.224） | （0.256） |
| Controls | Y | Y | Y | Y |
| Year & Industry | Y | Y | Y | Y |
| N | 6067 | 6597 | 6067 | 6597 |
| F | 76.57 *** | 86.11 *** | 78.47 *** | 86.41 *** |
| $Adj\_R^2$ | 0.303 | 0.369 | 0.305 | 0.370 |
| 系数检验 $\chi^2$ | 5.43 ** | | 19.83 *** | |

注：括号中为经公司层面聚类处理的稳健标准误，＊＊＊、＊＊、＊分别表示 1%、5% 和 10% 的显著性水平。

### 附表 8 – 5 – 2　　　成长性、股权激励与股票错误定价

| 模型 | （1）高成长性公司 | （2）低成长性公司 | （3）高成长性公司 | （4）低成长性公司 |
|---|---|---|---|---|
| IP | 0.065 *** | − 0.016 | | |
| | （0.016） | （0.019） | | |
| Incent | | | 0.118 *** | 0.004 |
| | | | （0.024） | （0.035） |
| Intercept | − 0.890 *** | 0.768 *** | − 0.904 *** | 0.786 *** |
| | （0.207） | （0.233） | （0.206） | （0.232） |

续表

| 模型 | （1） | （2） | （3） | （4） |
|---|---|---|---|---|
| | 高成长性公司 | 低成长性公司 | 高成长性公司 | 低成长性公司 |
| Controls | Y | Y | Y | Y |
| Year & Industry | Y | Y | Y | Y |
| N | 4435 | 4429 | 4435 | 4429 |
| F | 58.98 *** | 42.76 *** | 59.39 *** | 42.85 *** |
| Adj_$R^2$ | 0.382 | 0.337 | 0.384 | 0.336 |
| 系数检验$\chi^2$ | 16.50 *** | | 12.15 *** | |

注：括号中为经公司层面聚类处理的稳健标准误，＊＊＊、＊＊、＊分别表示1%、5%和10%的显著性水平。

附表 8 – 5 – 3　　　融资约束、股权激励与股票错误定价

| 模型 | （1） | （2） | （3） | （4） |
|---|---|---|---|---|
| | 高融资约束公司 | 低融资约束公司 | 高融资约束公司 | 低融资约束公司 |
| IP | 0.022 | 0.059 *** | | |
| | （0.020） | （0.019） | | |
| Incent | | | 0.040 | 0.120 *** |
| | | | （0.028） | （0.032） |
| Intercept | 4.113 *** | – 2.404 *** | 4.098 *** | – 2.407 *** |
| | （0.389） | （0.229） | （0.388） | （0.228） |
| Controls | Y | Y | Y | Y |
| Year & Industry | Y | Y | Y | Y |
| N | 4505 | 4365 | 4505 | 4365 |
| F | 101.16 *** | 43.11 *** | 101.18 *** | 43.02 *** |
| Adj_$R^2$ | 0.486 | 0.324 | 0.486 | 0.326 |
| 系数检验$\chi^2$ | 3.83 * | | 7.37 *** | |

注：括号中为经公司层面聚类处理的稳健标准误，＊＊＊、＊＊、＊分别表示1%、5%和10%的显著性水平。

# 第九章
# 股权激励与管理层对错误定价的
# 迎合投资

　　股票错误定价会对公司财务决策产生重要影响，反过来管理层会利用公司决策来迎合股票错误定价，因此，迎合行为可以看作是管理层影响股票错误定价的手段之一。当股权激励计划的实施影响了管理层的利益结构时，管理层可能会在利益的驱使下采用相应的财务决策来迎合股票错误定价，从而达到自身利益的最大化。迎合理论认为，理性的管理者会通过调整各种公司政策来推高公司短期股价以迎合投资者非理性情绪（Baker 和 Wurgler，2013），这些政策包括公司投资（Alzahrani 和 Rao，2014；Polk 和 Sapienza，2009；屈文洲等，2016）、股利分配（Baker 和 Wurgler，2004b；Kumar 等，2016；李心丹等，2014）、广告政策（Lou，2014）、盈余管理（Simpson，2013）以及股票更名（Cooper 等，2001；Cooper、Gulen 等，2005；Cooper、Khorana 等，2005），等等。其中，投资政策的使用最为常见和普遍，因此，本章拟考察管理层对股票错误定价的迎合投资决策，并进一步分析股权激励对管理层迎合投资的影响。

## 第一节　研究假设

### 一、上市公司迎合投资的存在性

行为公司金融理论认为，股票错误定价会通过股权融资渠道（Equity Financing Channel）和理性迎合渠道（Catering Channel）影响公司投融资行为。股权融资渠道观认为，股票错误定价通过影响公司股权融资水平的波动，间接影响公司的投资决策（Baker 等，2003）。对于"股权依赖型"公司而言，当股价被低估时，公司会尽可能地避免发行定价过低的股票，从而不能满足部分净现值（NPV）为正的项目的资金需求，导致投资不足；而当股价被高估时，具有长期视野的管理者将会利用股权融资的低成本优势发行新股筹集资金进行投资，从而缓解投资不足，但也有可能导致过度投资。另外，理性迎合渠道观则认为，当投资者具有短期视野时，为最大化近期的股票价格，理性的管理者会选择被高估的投资项目或避免选择被低估的投资项目以迎合投资者情绪（Polk 和 Sapienza，2009）。随后许多研究实证检验了股票错误定价对公司投资的影响，并证实了两种渠道的存在（Alzahrani 和 Rao，2014；Campello 和 Graham，2013；Grullon 等，2015；Hau 和 Lai，2013）。中国市场作为新兴资本市场的典型代表，不乏投资者非理性地炒作氛围浓厚、双边机制或卖空机制不完善、信息不对称程度严重等问题，因而股票错误定价的异象在中国市场中尤为常见。国内许多学者的研究也表明，我国资本市场中股票错误定价会通过两种渠道对上市公司投资产生显著影响（李君平和徐龙炳，2015；罗琦和贺娟，2015；屈文洲等，2016；张庆和朱迪星，2014）。

然而，由于我国上市公司股权融资受到了严格的政府管制限制，经理人在股权融资选择上缺乏自主性（潘敏和朱迪星，2010），导致上市公司不能有效利用股票错误定价带来的最佳再融资时间窗口。因此在我国股票市场中，错误定价通过股权融资渠道对公司投资的影响可能会因监管制度的约束而被弱化。国内学者的研究也表明，由于我国上市公司的实际融资约束程度较低，非理性的投资者情绪通过理性迎合渠道影响公司实际投资的作用更加明显（潘敏和朱迪星，2010；张戈和王美今，2007）。另外，也有学者提出，对于企业管理者来说，与股票短期价格表现挂钩的激励方式、增加自身控制权收益和希望被留任等动机，往往激励管理者关注股票短期价格（朱朝晖，2013）。

基于以上分析，本书提出以下研究假设：

$H_{10}$：股票错误定价会通过理性迎合渠道影响我国上市公司投资决策。

## 二、股权激励对上市公司迎合投资的影响

经典的行为公司金融理论中，有关投资者非理性导致的股票错误定价影响企业投资决策的研究，总是假设管理层和股东利益一致，往往忽略了委托代理问题（夏芳等，2011）。现实世界现代公司中客观存在的管理层与股东之间的代理冲突，必然会导致现有理论框架中理性管理者目标函数的扭曲。从近年来关于中国上市公司代理问题的研究来看，学者们都比较关注大股东与中小股东之间的第二类代理冲突。然而，随着中国资本市场相关法律法规的不断完善，第二类代理问题逐步得到了缓解，但股东与管理层之间的代理冲突却越来越严重[①]。管理层实施最有利于自身利益最大化的迎合投资行为，可能更符合理论逻辑和现实状况。

---

① 作为2016年中国资本市场焦点之一的"万科事件"，无疑从另一个角度折射出了我国股权结构高度分散的上市公司中，管理层与股东之间所存在的严重利益冲突。

　　作为处于上市公司内部利益协调核心地位的管理层股权激励，旨在通过授予管理层股权的方式促使被激励者与公司利益共享、风险共担，将管理层利益与股东利益有效绑定，从而形成对管理层的长期有效激励。从理论上说，股权激励将管理层利益与股票价格相联系，通过改变管理层的风险偏好，从而达到缓解管理层与股东之间与风险相关的代理冲突，最终实现公司价值与股东财富的增长。然而，股权激励可能会促进上市公司管理层实施或增加迎合投资。

　　首先，股票市场常被认为是监督上市公司管理层的一个重要渠道，股票价格可以视作评价管理者能力的重要参考。特别是股权分置改革以后，我国资本市场开始倡导市值管理，上市公司市值的意义和作用得到了空前的提升，市值成为上市公司经营好坏的综合体现和资本的新标杆（施光耀等，2008），市值管理逐渐成为上市公司、股东、证券市场乃至宏观经济管理者关注的焦点。在全流通的市场环境中，上市公司利益相关者更关注公司市值，监管机构也逐渐倡导从市值角度开展对上市公司及其管理者的考核。通过加总外部分散的投资者的信息，股票价格为公司提供了无法从其他渠道（如会计数据等）进行的对管理层绩效的度量（Strobl，2014）。由此，将管理层薪酬与公司股价相联系的股权激励，将会促使管理层实施有利于维持股价的财务决策，以迎合考核需求或避免卸职。对于高管人员来说，职位本身就是一种激励，高管作出决策就会取决于该决策是否能够帮助他对自身的职位形成稳定的预期（保持现有职位或者被提升）（刘运国和刘雯，2007）。在公司股票价格被高估时，实施或增加投资极有可能成为管理层迎合非理性的投资者情绪以达到维持股价的重要手段。例如，由于 R&D 投资未来结果存在不确定性（Lin 等，2011），因此，一方面如果 R&D 投资在未来能够成功并提升上市公司创新能力，将会在相当长时间内保持公司的竞争优势并带来持续的现金流，从而能够刺激乐观的投资者买入公司股票，推高公司股价；另一方面，即便上市公司 R&D 投资在未来未取得预期效果，鉴于其高风险的特征，管理层也能够轻易地逃脱投资失败的责任。

其次，股权激励直接改变了管理层的薪酬结构，为管理层提供了另外一种形式的薪酬收益，强化了管理层利益与公司股票价格之间的关联性，促使管理层更加关注公司股票价格的增长。我国上市公司实施的股权激励计划中，股票期权和限制性股票是最主要的两种激励工具。其中，前者主要通过授予看涨期权的方式，激励管理层在达到行权条件后按既定行权价格买入一定数量的公司股票获得激励价值；后者虽然在具体操作上与股票期权存在一定差异，但 Jr. Smith（1976）指出可将限制性股票视为公司资产价值的看涨期权。由此，我国上市公司管理层获得股权激励收益的必要条件就是公司股票价格的上涨，从而促使管理层有动机实施（更大规模的）投资来迎合投资者非理性情绪所导致的股票错误定价。Lin 等（2011）研究发现，中国私有公司中持有相当数量股权或薪酬与公司业绩挂钩的 CEO，实施 R&D 投资的意愿更强烈，R&D 投资规模更大。而且，R&D 投资的实施或增加还会因为其未来的不确定性而增加公司股票的波动性。Coles 等（2006）提供的经验证据表明，薪酬计划对股票波动率更大的敏感性将会激励管理层采用风险更大的财务政策，包括进行更多的 R&D 投资、更集中化地经营以及采用更高的财务杠杆等。由此，股权激励可能会强化上市公司的迎合投资行为，即股权激励会加剧管理层利用投资决策来迎合短期股价的倾向。

进一步地，管理层更主要的是迎合短期股价的上涨，因此当股票错误定价呈现不同态势时，股权激励可能会对公司迎合投资产生非对称的影响。Dong 等（2007）发现仅在股价高估时，股票错误定价会影响资本支出、R&D 投资和总投资水平。张庆和朱迪星（2014）则发现管理者持股水平对公司迎合倾向的抑制作用，在公司市场价格被高估和低估时有所差异。由于股权激励计划中激励工具主要为看涨期权和类似看涨期权的限制性股票，管理层获得激励收益的前提条件是公司股票价格的上涨，由此导致管理层更有动机去迎合市场非理性情绪高涨带来的股价高估。另外，从理论上来说，通过扩大投资规模迎合股价高估具有无限空间，即只要公司具有足够的资本或较强的融资能力就可以无限制地扩大投资规模，但通过缩减投资规模以迎合股价低估却会受到公司已有投资水平的限制。因此，相对于股价低估，当股价高估时股权激励对上市公司迎合投资的影响可能会更加显著。

因此，基于以上分析，本书提出以下研究假设：

$H_{11}$：股权激励强化了上市公司的迎合投资行为，即上市公司投资—误定价敏感性与管理层股权激励正相关。

$H_{12}$：相对于股价低估时，股价高估时股权激励对上市公司投资—误定价敏感性的影响更为显著。

## 第二节　实证研究设计

### 一、样本筛选与数据来源

受到研发数据的限制，本书选取 2006—2015 年中国 A 股上市公司股权分置改革以后的样本作为研究对象。按照以下程序，本书对样本进行了筛选：（1）由于金融类上市公司财务数据和会计处理的特殊性，本书不失一般地剔除金融类行业的公司样本；（2）由于交易规则的差异对股票估值的影响，本书剔除 ST 等被特别处理的样本；（3）为避免多个市场估值的相互影响，本书剔除同时发行 A 股和 B 股、H 股及其他外资股的样本；（4）考虑到 IPO 对上市公司市场估值的影响及 IPO 前后公司各方面的差异，本书剔除了上市不足两年的样本；（5）剔除数据不全的缺失值样本。最终本书采用剩余的 10740 家公司—年度观测值，检验本书的研究假设。

本书通过巨潮网发布的上市公司年报手工收集了公司研发投资数据。需要特别说明的是，我国上市公司研发投资数据的披露存在诸多不规范，主要出现在董事会报告、管理费用附注和现金流量表附注中。然而，管理费用附注中的披露未包含资本化的研发投资，现金流量表附注中的披露则仅仅包含了现金形式的研发投资，两种方式均不能准确地体现公司研发投资状况。因此，本书采用董事会报告中的研发投资数据。其余上市公司财务数据、公司治理数据以及股票价格数据等，均来源于 CSMAR 数据库。

### 二、变量选取

本书参考 Edmans 等（2017）的做法，从三个维度构建变量度量上市公司投资。一是选择上市公司研发投资，采用上市公司当年 R&D 投资总额与期初总资产的比值度量上市公司研发投资强度 *RD*，衡量公司 R&D 投资水平。参照 Edmans 等（2017）的做法，本书将研发支出缺失值设置为 0，在稳健性检验中，我们直接剔除了研发支出缺失的样本。二是选择上市公司资本支出（Capital Expenditure），本书以购建固定资产、无形资产和其他长期资产所支付的现金与期初总资产的比值度量上市公司资本支出强度 *CAPEX*，衡量公司资本支出水平。三是将研发投资与资本支出加总，构建变量 *INV*，衡量公司总投资水平。解释变量错误定价和股权激励的定义和计算方法以及控制变量的选取与前文一致。

### 三、计量模型构建

本书分别构建如下多元回归模型来检验研究假设 $H_{10}$ 和研究假设 $H_{11}$：

$$Investment_{it} = \beta_0 + \beta_1 Mis_{i,t-1} + \sum \gamma_j Control_{j,t-1} + \varepsilon_{it} \tag{9.1}$$

$$Investment_{it} = \beta_0 + \beta_1 Mis_{i,t-1} + \beta_2 Plan_{i,t-1} + \beta_3 Plan_{i,t-1} \times Mis_{i,t-1} +$$

$$\sum \gamma_j Control_{j,t-1} + \varepsilon_{it} \tag{9.2}$$

式（9.1）用于检验上市公司迎合投资的存在性，$Investment$ 分别表征三个维度的公司投资变量 $RD$、$CAPEX$ 和 $INV$。在控制了权益融资的影响后，我们预测 $\beta_1$ 仍然显著为正。式（9.2）中 $Plan$ 分别为变量 $IP$ 和 $Incent$，为从定性和定量两个维度检验股权激励对上市公司迎合投资的影响，我们设置了 $Plan$ 和 $Mis$ 的交互项并预测其系数 $\beta_3$ 显著为正。

## 第三节　实证结果分析

### 一、变量描述性统计和相关系数

表 9-1 给出了变量的描述性统计[①]。$RD$ 的均值为 0.014，表明样本公司 R&D 投资支出占期初总资产的比例平均约为 1.14%。这与袁建国等（2015）基于同花顺数据库中研发投资数据的统计非常接近，但显著低于 Borisova 和 Brown（2013）基于美国数据的统计结果，说明总体而言我国上市公司研发投资水平相对于发达国家企业而言明显偏低[②]。

---

[①]　由于受到 R&D 支出数据的限制，样本数量与前文存在较大差别，因此本章对变量再一次进行了描述性统计。

[②]　袁建国、后青松、程晨（2015）与 Borisova 和 Brown（2013）报告的 RD 均值分别为 0.023 和 0.1046。

若不考虑研发支出缺失的记录，RD 的均值约为 0.186。CAPEX 的均值为 0.068，表明样本公司资本支出占期初总资产的比例平均约为 6.8%。INV 的均值为 0.082，表明样本公司总投资支出占期初总资产的比例平均约为 8.2%，为研发支出和资本支出之和。IP 的均值为 0.116，表明样本中股权激励计划实施后的观测值占比约为 11.6%。Incent 的均值为 0.227，表明管理层能够通过股权激励获得的激励收益占其总薪酬的比例平均约为 22.7%。Mis 的均值为 −0.091，与前文估算的所有上市公司的错误定价水平（Mis 均值为 0.072）存在很大差异，这可能与本部分研究样本受到 R&D 支出披露数据限制有关。SEO 的均值为 3.057，但该均值的计算考虑了大部分未实施股权再融资的样本。由于样本中仅有不到 11% 的公司在样本期间实施过股权再融资，因此 SEO 的均值不能准确度量实施过股权再融资公司的股权再融资规模①。表 9 − 1 还给出了样本公司特征的大致描述，不再赘述。由表 9 − 1 可以看出，上市公司投资水平、公司特征和治理结构在公司个体间差异巨大，为避免极端异常值对实证结果的影响，本书对所有连续变量在 1% 的水平上进行了两侧缩尾处理。

表 9 − 1　　　　　　　　　　变量描述性统计

| 变量 | 均值 | 标准差 | 最小值 | 25% 分位数 | 中位数 | 75% 分位数 | 最大值 |
|---|---|---|---|---|---|---|---|
| RD | 0.014 | 0.023 | 0 | 0 | 0.001 | 0.022 | 0.458 |
| CAPEX | 0.068 | 0.253 | 0 | 0.017 | 0.042 | 0.084 | 24.610 |
| INV | 0.082 | 0.257 | 0 | 0.025 | 0.057 | 0.105 | 24.869 |
| IP | 0.116 | 0.321 | 0 | 0 | 0 | 0 | 1 |
| Incent | 0.227 | 0.329 | 0 | 0.000 | 0.004 | 0.468 | 0.995 |

①　根据对 SEO 样本的统计，样本期间实施过 SEO 的公司其平均股权再融资规模约为 7.4 亿元人民币。

续表

| 变量 | 均值 | 标准差 | 最小值 | 25%分位数 | 中位数 | 75%分位数 | 最大值 |
|------|------|--------|--------|-----------|--------|-----------|--------|
| Mis | −0.091 | 0.355 | −1.083 | −0.334 | −0.127 | 0.109 | 1.879 |
| SEO | 3.057 | 7.319 | 0 | 0 | 0 | 0 | 24.118 |
| Size | 21.851 | 1.145 | 15.418 | 21.035 | 21.733 | 22.537 | 27.028 |
| Lev | 0.475 | 0.612 | 0.007 | 0.309 | 0.473 | 0.622 | 55.409 |
| Age | 2.193 | 0.605 | 1.099 | 1.609 | 2.398 | 2.708 | 3.219 |
| Growth | 0.125 | 0.359 | −3.803 | −0.016 | 0.115 | 0.251 | 5.011 |
| ROA | 0.041 | 0.068 | −0.830 | 0.014 | 0.034 | 0.063 | 2.810 |
| Cash | 0.044 | 0.084 | −1.674 | 0.002 | 0.044 | 0.089 | 0.771 |
| First | 0.357 | 0.153 | 0.008 | 0.233 | 0.338 | 0.466 | 0.894 |
| Bsize | 2.173 | 0.197 | 1.099 | 2.079 | 2.197 | 2.197 | 2.890 |
| Indrct | 0.368 | 0.053 | 0.091 | 0.333 | 0.333 | 0.400 | 0.714 |
| Salary | 14.898 | 0.776 | 10.779 | 14.420 | 14.917 | 15.384 | 17.837 |

表9-2 给出了主要变量之间的相关系数。$INV$ 与 $CAPEX$ 和 $RD$ 均存在显著为正的线性相关关系，但与 $CAPEX$ 高度正相关，这主要由于我国现行制度下公司对研发支出的信息披露属于自愿性披露，因此并未完全反映公司研发支出活动的所有信息。$INV$、$CAPEX$ 和 $RD$ 与 $IP$ 和 $Incent$、$Mis$ 和 $SEO$ 均存在显著为正的线性相关关系。

**表9-2　　　　　　　　主要变量之间的相关系数**

| 变量 | RD | CAPEX | INV | IP | Incent | Mis |
|------|------|-------|------|------|--------|------|
| CAPEX | 0.090 *** | | | | | |
| INV | 0.373 *** | 0.953 *** | | | | |
| IP | 0.271 *** | 0.031 *** | 0.105 *** | | | |
| Incent | 0.385 *** | 0.081 *** | 0.181 *** | 0.362 *** | | |
| Mis | 0.031 *** | 0.063 *** | 0.071 *** | 0.083 *** | −0.032 *** | |
| SEO | 0.118 *** | 0.108 *** | 0.132 *** | 0.102 *** | 0.134 *** | 0.029 *** |

注：＊＊＊表示1%的显著性水平。

## 二、单变量检验

本书从三个维度对研发投资、资本支出和总投资进行单变量检验，结果如表 9 - 3 所示。Panel A 首先按照股票错误定价类型分组，比较股价高估和股价低估两种不同情形下的上市公司投资水平差异。结果显示，股价高估时 $RD$、$CAPEX$ 和 $INV$ 的均值分别为 0.014、0.069 和 0.084，显著高于股价低估时各类投资的均值，后者分别为 0.013、0.061 和 0.074，初步说明上市公司投资水平与股票错误定价之间存在正相关关系。Panel B 比较了实施过股权激励的公司与未实施过股权激励的公司之间各类投资的差异，结果显示股权激励公司研发投资、资本支出和总投资的均值分别为 0.024、0.070 和 0.095，均显著高于非股权激励公司研发投资、资本支出和总投资的均值 0.010、0.062 和 0.072，这说明投资水平的差异受到上市公司是否是股权激励样本的影

表 9 - 3　　　　　　　　　　　　单变量检验结果

| 变量 | $RD$ | | $CAPEX$ | | $INV$ | |
|---|---|---|---|---|---|---|
| | 均值 | $t$ 值 | 均值 | $t$ 值 | 均值 | $t$ 值 |
| Panel A：按股票错误定价分类 | | | | | | |
| 股价高估 | 0.014 | 3.63 *** | 0.069 | 5.66 *** | 0.084 | 6.59 *** |
| 股价低估 | 0.013 | | 0.061 | | 0.074 | |
| Panel B：按是否实施股权激励计划分类 | | | | | | |
| 实施股权激励计划 | 0.024 | 31.13 *** | 0.070 | 5.25 *** | 0.095 | 13.26 *** |
| 未实施股权激励计划 | 0.010 | | 0.062 | | 0.072 | |
| Panel C：按股权激励计划实施前后分类 | | | | | | |
| 股权激励计划实施前 | 0.020 | 8.39 *** | 0.071 | 0.59 | 0.091 | 2.50 ** |
| 股权激励计划实施后 | 0.028 | | 0.069 | | 0.099 | |

注：均值比较采用 $t$ 检验，$t$ 值为绝对值。* * *、* *、* 分别表示 1%、5% 和 10% 的显著性水平。

响。Panel C 比较了股权激励公司实施股权激励计划前后的各类投资水平。结果显示股权激励实施后公司的研发投资有显著上升，均值从股权激励计划实施前的 0.020 上升至股权激励计划实施后的 0.028。但均值检验结果显示，资本支出在股权激励计划实施前后并无显著差异。从总体来看，股权激励计划实施前后公司总投资水平存在显著差异，股权激励计划实施前 INV 的均值为 0.091，显著低于股权激励计划实施后的均值 0.099。总的来看，Panel C 的结果表明，股权激励计划的实施可能是导致股权激励公司增加投资的可能原因之一。

### 三、多元回归分析

本书首先利用式（9.1）所示的计量模型检验上市公司迎合投资的存在性，即上市公司是否会利用投资决策来迎合股票错误定价。为区分股票错误定价对公司投资影响的股权融资渠道和理性迎合渠道，本书借鉴 Polk 和 Sapienza（2009）、潘敏和朱迪星（2010）、张庆和朱迪星（2014）的做法，分别通过控制股权再融资 SEO 的影响和剔除实施过股权再融资样本的方法，排除股票错误定价通过股权融资渠道对 R&D 投资的影响。

表 9-4 中第（1）列至第（3）列基于全样本，分别以 RD、CAPEX 和 INV 为被解释变量，检验股票错误定价对上市公司各类投资的影响。结果显示 Mis 的系数显著为正，表明更高的研发投资、资本支出以及总投资水平与股票错误定价相联系，这与已有文献中大部分关于股票错误定价与公司投资关系研究的结论相一致。同时，第（1）列至第（3）列中 SEO 的系数显著为正，表明股权再融资会促进公司各类投资的增加。在控制了股权融资后，Mis 的系数仍然显著为正，表明即使排除了股权融资渠道的作用，股票错误定价仍然会影响公司研发投资、资本支

出和总投资水平。第（4）列至第（6）列进一步以未实施过股权再融资的样本作为研究对象，考察股票错误定价对上市公司各类投资的影响，结果显示 $Mis$ 的系数仍然为正并且高度显著。依据 Polk 和 Sapienza（2009）的解释，此时股票错误定价是通过股权融资渠道之外的途径影响公司投资，即理性迎合渠道。也就是说，表 9 - 4 的结果显示，管理层利用公司研发投资、资本支出和总投资迎合了资本市场中的股票错误定价，本书称为迎合投资，并将股票错误定价对迎合投资的影响定义为迎合投资—误定价敏感性。表 9 - 4 的结果为上市公司迎合投资的存在性提供了证据，支持了研究假设 $H_{10}$，也为继续检验管理层股权激励对迎合投资的影响奠定了基础。

表 9 - 4　　　　　　　上市公司迎合投资的存在性检验结果

| 模型 | 全样本 | | | 未实施股权再融资样本 | | |
|---|---|---|---|---|---|---|
| | （1） | （2） | （3） | （4） | （5） | （6） |
| 因变量 | RD | CAPEX | INV | RD | CAPEX | INV |
| Mis | 0.005 *** | 0.011 *** | 0.017 *** | 0.005 *** | 0.012 *** | 0.018 *** |
| | (0.001) | (0.003) | (0.003) | (0.001) | (0.003) | (0.003) |
| SEO | 0.000 *** | 0.001 *** | 0.001 *** | | | |
| | (0.000) | (0.000) | (0.000) | | | |
| Size | - 0.003 *** | 0.002 * | - 0.001 | - 0.002 *** | 0.002 | - 0.001 |
| | (0.000) | (0.001) | (0.001) | (0.000) | (0.001) | (0.001) |
| Lev | - 0.002 | 0.005 | 0.003 | - 0.002 | 0.007 | 0.005 |
| | (0.002) | (0.006) | (0.007) | (0.002) | (0.006) | (0.007) |
| Age | - 0.006 *** | - 0.019 *** | - 0.025 *** | - 0.006 *** | - 0.019 *** | - 0.026 *** |
| | (0.001) | (0.002) | (0.002) | (0.001) | (0.002) | (0.002) |
| Growth | 0.002 *** | 0.011 *** | 0.012 *** | 0.002 *** | 0.011 *** | 0.013 *** |
| | (0.001) | (0.002) | (0.003) | (0.001) | (0.002) | (0.003) |
| ROA | 0.041 *** | 0.081 *** | 0.126 *** | 0.040 *** | 0.074 *** | 0.116 *** |
| | (0.006) | (0.022) | (0.023) | (0.006) | (0.022) | (0.023) |

续表

| 模型 | 全样本 | | | 未实施股权再融资样本 | | |
|------|------|------|------|------|------|------|
| | （1） | （2） | （3） | （4） | （5） | （6） |
| 因变量 | RD | CAPEX | INV | RD | CAPEX | INV |
| Cash | 0.008 *** | 0.098 *** | 0.109 *** | 0.006 ** | 0.089 *** | 0.097 *** |
| | （0.002） | （0.011） | （0.011） | （0.003） | （0.011） | （0.011） |
| First | 0.001 | − 0.019 *** | − 0.018 *** | 0.001 | − 0.019 *** | − 0.019 *** |
| | （0.002） | （0.006） | （0.007） | （0.002） | （0.006） | （0.007） |
| Bsize | − 0.001 | 0.016 *** | 0.016 ** | − 0.001 | 0.017 *** | 0.017 *** |
| | （0.001） | （0.006） | （0.006） | （0.001） | （0.005） | （0.006） |
| Indrct | − 0.004 | 0.028 | 0.024 | − 0.004 | 0.025 | 0.021 |
| | （0.005） | （0.018） | （0.019） | （0.004） | （0.018） | （0.019） |
| Salary | 0.004 *** | − 0.001 | 0.003 ** | 0.003 *** | − 0.001 | 0.003 |
| | 0.000 | （0.002） | （0.002） | （0.000） | （0.002） | （0.002） |
| Intercept | 0.011 * | 0.033 | 0.042 | 0.010 | 0.037 | 0.046 |
| | （0.006） | （0.028） | （0.029） | （0.006） | （0.028） | （0.029） |
| Year | Y | Y | Y | Y | Y | Y |
| Industry | Y | Y | Y | Y | Y | Y |
| N | 10740 | 10740 | 10740 | 9140 | 9140 | 9140 |
| F | 79.11 *** | 28.40 *** | 38.16 *** | 69.44 *** | 25.31 *** | 36.15 *** |
| Adj _ $R^2$ | 0.429 | 0.148 | 0.187 | 0.425 | 0.137 | 0.174 |

注：括号中为经公司层面聚类处理的稳健标准误，＊＊＊、＊＊、＊分别表示1%、5%和10%的显著性水平。

表9－5是采用式（9.2）所示的计量模型检验股权激励计划的实施影响上市公司迎合投资的结果。第（1）列至第（3）列分别以 RD、CAPEX 和 INV 为被解释变量对全样本进行检验，加入 SEO 以控制股权融资渠道的影响，Mis 的系数显著为正表明上市公司存在迎合投资。由第（1）列可以看出，IP × Mis 的系数显著为正，表明股权激励计划的实施显著强化了上市公司 R&D 迎合投资，增强了上市公司 R&D 投资对股

票错误定价的敏感性。第（2）列和第（3）列中 $IP \times Mis$ 的系数统计上不显著，没有证据表明股权激励计划的实施会显著强化上市公司增加资本支出和总投资水平对股票错误定价的迎合。第（4）列至第（6）列仅采用未实施股权再融资样本检验了股权激励计划的实施对上市公司迎合投资的影响。结果与对全样本的检验结果类似，从另一个维度验证了股权激励对上市公司 R&D 迎合投资的强化作用。表 9 – 5 的结果表明，股权激励计划的实施会对管理层实施 R&D 迎合投资的意愿和规模产生显著影响。股权激励通过将管理层考核和薪酬与股价变动相联系，在给定管理层以自身利益最大化的前提下，可能会强化管理层维持或抬高股价的动机，促使管理层利用 R&D 投资迎合投资者非理性所导致的错误定价。

表 9 – 5　　　股权激励计划实施对上市公司迎合投资的影响检验

| 模型 | 全样本 | | | 未实施股权再融资样本 | | |
|---|---|---|---|---|---|---|
| | （1） | （2） | （3） | （4） | （5） | （6） |
| 因变量 | $RD$ | $CAPEX$ | $INV$ | $RD$ | $CAPEX$ | $INV$ |
| $Mis$ | 0. 004 *** | 0. 011 *** | 0. 016 *** | 0. 004 *** | 0. 012 *** | 0. 017 *** |
| | （0. 001） | （0. 003） | （0. 003） | （0. 001） | （0. 003） | （0. 003） |
| $IP$ | 0. 005 *** | 0. 002 | 0. 007 ** | 0. 005 *** | 0. 001 | 0. 006 ** |
| | （0. 001） | （0. 003） | （0. 003） | （0. 001） | （0. 003） | （0. 003） |
| $IP \times Mis$ | 0. 006 ** | – 0. 003 | 0. 005 | 0. 007 ** | – 0. 000 | 0. 009 |
| | （0. 003） | （0. 007） | （0. 008） | （0. 003） | （0. 007） | （0. 008） |
| $SEO$ | 0. 000 *** | 0. 001 *** | 0. 001 *** | | | |
| | （0. 000） | （0. 000） | （0. 000） | | | |
| $Intercept$ | 0. 016 ** | 0. 033 | 0. 048 | 0. 015 ** | 0. 037 | 0. 051 * |
| | （0. 006） | （0. 028） | （0. 029） | （0. 006） | （0. 028） | （0. 029） |
| $Controls$ | Y | Y | Y | Y | Y | Y |
| $Year\ \&$ $Industry$ | Y | Y | Y | Y | Y | Y |

续表

| 模型 | 全样本 | | | 未实施股权再融资样本 | | |
|------|--------|--------|--------|----------|----------|----------|
| | (1) | (2) | (3) | (4) | (5) | (6) |
| 因变量 | *RD* | *CAPEX* | *INV* | *RD* | *CAPEX* | *INV* |
| *N* | 10740 | 10740 | 10740 | 9140 | 9140 | 9140 |
| *F* | 76.68 *** | 27.03 *** | 36.41 *** | 66.81 *** | 24.04 *** | 34.41 *** |
| *Adj_R²* | 0.438 | 0.148 | 0.188 | 0.434 | 0.137 | 0.175 |

注：括号中为经公司层面聚类处理的稳健标准误，＊＊＊、＊＊、＊分别表示 1%、5% 和
10% 的显著性水平。

由于 R&D 投资在公司投资中比重较大以及其未来收益不确定等特点，许多文献发现 R&D 投资正成为管理层迎合市场短期错误定价的重要手段。特别是中国股票市场中，随着我国政府近年来为转变增长方式不断出台政策鼓励企业加大研发力度，R&D 投资逐渐成为我国股票市场的关注焦点，并极易在市场中被误定价（肖虹和曲晓辉，2012）。Dong 等（2018）研究发现，在股票错误定价影响 R&D 投资的总效应中，理性迎合渠道和股权融资渠道的效应分别为 77% 和 23%。

显然，理性的管理者迎合股票错误定价的动机与其自身利益密切相关，从而必然受到公司内部代理问题和治理机制的影响。然而，经典的行为金融理论关于股票错误定价影响公司行为的分析中，对管理者目标函数的假设很少考虑管理者与股东之间的利益冲突。作为调节上市公司内部管理层和股东利益的核心机制之一，我国股票市场上管理层股权激励制度自 2005 年底《上市公司股权激励管理办法（试行）》发布以来，受到上市公司广泛青睐和使用。股权激励旨在通过授予管理层股权的方式促使被激励者与公司利益共享、风险共担，但客观上增强了管理层财富对股票价格的敏感性，可能促使管理层实施以公司长期利益为代价的短期主义行为来推高短期股价，最终实现管理层自身利益的最大化（Bebchuk 和 Fried，2010）。

表 9 - 6 以 *Incent* 度量上市公司股权激励力度，检验股权激励力度对上市公司迎合投资的影响，结果与表 9 - 5 高度一致，第（1）列和第（4）列中 *Incent* × *Mis* 的系数显著为正，其余列中 *Incent* × *Mis* 的系数虽然为正但不显著，表明股权激励力度越大，上市公司 R&D 投资—误定价敏感性越高，隐含了更大力度的股权激励会强化上市公司采用 R&D 投资迎合股票错误定价。表 9 - 5 和表 9 - 6 的结果部分地支持了研究假设 $H_{11}$，表明股权激励会强化某些类型的迎合投资行为。

表 9 - 6　　　股权激励力度对上市公司迎合投资的影响检验

| 模型 | 全样本 | | | 未实施股权再融资样本 | | |
|---|---|---|---|---|---|---|
| | （1） | （2） | （3） | （4） | （5） | （6） |
| 因变量 | *RD* | *CAPEX* | *INV* | *RD* | *CAPEX* | *INV* |
| *Mis* | 0.004 *** | 0.011 *** | 0.016 *** | 0.004 *** | 0.012 *** | 0.017 *** |
| | （0.001） | （0.003） | （0.003） | （0.001） | （0.003） | （0.003） |
| *Incent* | 0.005 *** | -0.001 | 0.005 | 0.005 *** | 0.000 | 0.006 |
| | （0.001） | （0.004） | （0.004） | （0.001） | （0.004） | （0.004） |
| *Incent* × *Mis* | 0.010 *** | 0.002 | 0.015 * | 0.010 *** | 0.002 | 0.015 * |
| | （0.002） | （0.007） | （0.008） | （0.002） | （0.008） | （0.008） |
| *SEO* | 0.000 *** | 0.001 *** | 0.001 *** | | | |
| | （0.000） | （0.000） | （0.000） | | | |
| *Intercept* | 0.007 | 0.033 | 0.038 | 0.006 | 0.036 | 0.041 |
| | （0.006） | （0.027） | （0.029） | （0.006） | （0.028） | （0.029） |
| *Controls* | Y | Y | Y | Y | Y | Y |
| *Year & Industry* | Y | Y | Y | Y | Y | Y |
| *N* | 10740 | 10740 | 10740 | 9140 | 9140 | 9140 |
| *F* | 77.22 *** | 27.07 *** | 36.41 *** | 67.67 *** | 24.03 *** | 34.56 *** |
| *Adj_R²* | 0.437 | 0.148 | 0.188 | 0.433 | 0.137 | 0.175 |

　　注：括号中为经公司层面聚类处理的稳健标准误，＊＊＊、＊＊、＊分别表示1%、5%和10%的显著性水平。

上市公司投资决策对股票错误定价的迎合体现在，管理层会增加投资以迎合股价高估，而减少投资以迎合股价低估①。但公司投资水平增减变化的非对称性和股权激励工具大多为看涨期权的特点，导致股价高估和股价低估时管理层利用投资迎合错误定价的动机和实际效果并不相同，而且当不同的错误定价发生时股权激励对管理层的激励效应也存在差异。表9–7是不同错误定价类型下股权激励计划的实施影响上市公司迎合投资的检验结果。第（1）列和第（3）列中 $IP \times Mis$ 的系数显著为正，表明当股价高估时，上市公司 R&D 投资—误定价敏感性和总投资—误定价敏感性与股权激励计划的实施呈显著正相关关系。这与我们的推断一致，当股价高估时，股权激励会显著强化上市公司研发投资和总投资对错误定价的迎合。但没有证据表明，股价高估时，股权激励计划的实施会强化上市公司资本支出对股票错误定价的迎合。第（4）列至第（6）列中 $IP \times Mis$ 的系数均不显著，表明当股价低估时，股权激励计划的实施不能够强化上市公司投资决策对股票错误定价的迎合。

表9–7　错误定价类型、股权激励计划实施与上市公司迎合投资

| 模型 | 股价高估 | | | 股价低估 | | |
|---|---|---|---|---|---|---|
| | （1） | （2） | （3） | （4） | （5） | （6） |
| 因变量 | RD | CAPEX | INV | RD | CAPEX | INV |
| Mis | 0.003 * | 0.009 | 0.015 ** | 0.005 *** | 0.019 *** | 0.024 *** |
| | (0.002) | (0.006) | (0.007) | (0.001) | (0.005) | (0.006) |
| IP | −0.002 | −0.005 | −0.009 | 0.005 *** | 0.000 | 0.005 |
| | (0.002) | (0.007) | (0.008) | (0.002) | (0.005) | (0.005) |

---

① 大部分关于股票错误定价影响公司投资的文献都提供了股价高估会提高投资水平的证据，而 Hau 和 Lai（2013）利用 2007—2009 年国际金融危机作为自然实验，发现股票低估程度越大时，公司投资水平显著更低。

续表

| 模型 | 股价高估 | | | 股价低估 | | |
|---|---|---|---|---|---|---|
| | （1） | （2） | （3） | （4） | （5） | （6） |
| 因变量 | *RD* | *CAPEX* | *INV* | *RD* | *CAPEX* | *INV* |
| *IP × Mis* | 0.019 *** | 0.016 | 0.040 ** | − 0.005 | − 0.002 | − 0.008 |
| | （0.006） | （0.016） | （0.018） | （0.005） | （0.014） | （0.015） |
| *Intercept* | 0.027 *** | 0.026 | 0.043 | 0.008 | 0.037 | 0.046 |
| | （0.009） | （0.039） | （0.040） | （0.007） | （0.034） | （0.035） |
| *Controls* | Y | Y | Y | Y | Y | Y |
| *Year & Industry* | Y | Y | Y | Y | Y | Y |
| *N* | 3195 | 3195 | 3195 | 5945 | 5945 | 5945 |
| *F* | 32.19 *** | 12.45 *** | 18.22 *** | 57.52 *** | 19.67 *** | 26.79 *** |
| *Adj _ R²* | 0.468 | 0.127 | 0.166 | 0.425 | 0.146 | 0.184 |

注：括号中为经公司层面聚类处理的稳健标准误，＊＊＊、＊＊、＊分别表示1%、5%和10%的显著性水平。

表9－8检验了股权激励力度对上市公司迎合投资的影响，结论与表9－7高度一致。当股价高估时，股权激励力度的增强能够加剧上市公司研发投资和总投资对股票错误定价的影响。总体而言，表9－7和表9－8的结果支持了本书的研究假设 $H_{12}$。

表9－8　　　错误定价类型、股权激励力度与上市公司迎合投资

| 模型 | 股价高估 | | | 股价低估 | | |
|---|---|---|---|---|---|---|
| | （1） | （2） | （3） | （4） | （5） | （6） |
| 因变量 | *RD* | *CAPEX* | *INV* | *RD* | *CAPEX* | *INV* |
| *Mis* | 0.004 ** | 0.009 | 0.016 ** | 0.005 *** | 0.020 *** | 0.025 *** |
| | （0.002） | （0.006） | （0.007） | （0.001） | （0.005） | （0.006） |
| *Incent* | 0.000 | 0.003 | 0.000 | 0.005 *** | − 0.008 | − 0.003 |
| | （0.002） | （0.008） | （0.009） | （0.001） | （0.005） | （0.006） |

续表

| 模型 | 股价高估 | | | 股价低估 | | |
|---|---|---|---|---|---|---|
| | (1) | (2) | (3) | (4) | (5) | (6) |
| 因变量 | *RD* | *CAPEX* | *INV* | *RD* | *CAPEX* | *INV* |
| *Incent ×* | 0.015 *** | 0.017 | 0.042 ** | 0.002 | − 0.014 | − 0.012 |
| *Mis* | (0.005) | (0.019) | (0.020) | (0.004) | (0.013) | (0.014) |
| *Intercept* | 0.016 * | 0.018 | 0.025 | 0 | 0.042 | 0.043 |
| | (0.009) | (0.038) | (0.040) | (0.007) | (0.033) | (0.035) |
| *Controls* | Y | Y | Y | Y | Y | Y |
| *Year & Industry* | Y | Y | Y | Y | Y | Y |
| *N* | 3195 | 3195 | 3195 | 5945 | 5945 | 5945 |
| *F* | 31.82 *** | 12.60 *** | 18.94 *** | 56.82 *** | 19.90 *** | 27.00 *** |
| *Adj_R²* | 0.464 | 0.128 | 0.168 | 0.421 | 0.147 | 0.183 |

注：括号中为经公司层面聚类处理的稳健标准误，＊＊＊、＊＊、＊分别表示1%、5%和10%的显著性水平。

## 四、稳健性检验

为保证本书研究结论的可靠性，本书进行了以下一系列稳健性检验（结果见本章附录）。首先，本书剔除了 R&D 缺失样本，采用剩余样本重新进行检验。其次，与前文稳健性检验一致，本书重新定义股票错误定价。上述稳健性检验的结果与本书的研究结论基本一致，表明本书的研究结论是非常稳健的。

## 第四节　本章研究结论

本章以我国上市公司投资活动为研究对象，在验证样本公司迎合投资存在性的基础上，检验管理层股权激励计划对上市公司迎合投资的影响。首先，在控制股权融资渠道后，上市公司 R&D 投资、资本支出和总投资对股票错误定价仍然具有较强的敏感性，表明上市公司存在迎合投资。其次，本书从定性和定量两个维度发现股权激励计划的实施增加了上市公司 R&D 迎合投资—误定价敏感性，表明股权激励强化了上市公司 R&D 迎合投资，这与 R&D 投资未来收益的高不确定性不无关系。再次，有一定的证据表明，上市公司总投资—误定价敏感性与股权激励计划力度呈正相关。最后，进一步的检验结果显示，股权激励对 R&D 迎合投资和迎合总投资的强化在股价高估时表现得更加显著。

　　本书的研究结论表明，在管理层与股东之间利益冲突客观存在的基础上，管理层会利用公司财务决策以迎合市场非理性导致的股票错误定价，最终达到考核要求或实现自身利益最大化。这为上市公司股权激励计划实施过程中如何设计合理的股权激励制度，以防范管理层的迎合行为达到激励效应最大化提供了启示。

本章附表

## 稳健性检验结果

附表 9 – 1　　　　稳健性检验：剔除 R&D 投资缺失的样本

| 模型 | （1） | （2） | （3） | （4） | （5） | （6） | （7） | （8） | （9） |
|---|---|---|---|---|---|---|---|---|---|
| 因变量 | *RD* | *CAPEX* | *INV* | *RD* | *CAPEX* | *INV* | *RD* | *CAPEX* | *INV* |
| *Mis* | 0.006 *** | 0.009 *** | 0.018 *** | 0.005 *** | 0.009 *** | 0.017 *** | 0.005 *** | 0.009 *** | 0.016 *** |
| | （0.001） | （0.003） | （0.004） | （0.001） | （0.003） | （0.004） | （0.001） | （0.003） | （0.004） |
| *IP* | | | | 0.005 *** | 0.002 | 0.007 ** | | | |
| | | | | （0.001） | （0.003） | （0.003） | | | |
| *IP × Mis* | | | | 0.007 ** | – 0.006 | 0.004 | | | |
| | | | | （0.003） | （0.007） | （0.009） | | | |
| *Incent* | | | | | | | 0.004 *** | 0.001 | 0.006 |
| | | | | | | | （0.001） | （0.005） | （0.005） |

续表

| 模型 | (1) | (2) | (3) | (4) | (5) | (6) | (7) | (8) | (9) |
|---|---|---|---|---|---|---|---|---|---|
| 因变量 | RD | CAPEX | INV | RD | CAPEX | INV | RD | CAPEX | INV |
| Incent × Mis | | | | | | | 0.012 *** | −0.003 | 0.013 |
| | | | | | | | (0.003) | (0.008) | (0.010) |
| SEO | 0.000 *** | 0.001 *** | 0.001 *** | 0.000 *** | 0.001 *** | 0.001 *** | 0.000 *** | 0.001 *** | 0.001 *** |
| | (0.000) | (0.000) | (0.000) | (0.000) | (0.000) | (0.000) | (0.000) | (0.000) | (0.000) |
| Intercept | 0.026 ** | 0.100 ** | 0.120 *** | 0.033 *** | 0.102 *** | 0.128 *** | 0.021 * | 0.098 ** | 0.112 *** |
| | (0.012) | (0.039) | (0.041) | (0.012) | (0.039) | (0.042) | (0.012) | (0.038) | (0.041) |
| Controls | Y | Y | Y | Y | Y | Y | Y | Y | Y |
| Year & Industry | Y | Y | Y | Y | Y | Y | Y | Y | Y |
| N | 5782 | 5782 | 5782 | 5782 | 5782 | 5782 | 5782 | 5782 | 5782 |
| F | 35.53 *** | 12.82 *** | 18.93 *** | 34.41 *** | 12.30 *** | 18.11 *** | 34.60 *** | 12.23 *** | 18.10 *** |
| $Adj\_R^2$ | 0.369 | 0.135 | 0.185 | 0.378 | 0.134 | 0.186 | 0.375 | 0.134 | 0.185 |

附表 9 − 2　　　　稳健性检验：将 Mis 替换为 Mis1

| 模型 | (1) | (2) | (3) | (4) | (5) | (6) | (7) | (8) | (9) |
|---|---|---|---|---|---|---|---|---|---|
| 因变量 | RD | CAPEX | INV | RD | CAPEX | INV | RD | CAPEX | INV |
| Mis1 | 0.005 *** | 0.012 *** | 0.019 *** | 0.004 *** | 0.012 *** | 0.018 *** | 0.005 *** | 0.012 *** | 0.018 *** |
| | (0.001) | (0.003) | (0.003) | (0.001) | (0.003) | (0.003) | (0.001) | (0.003) | (0.003) |
| IP | | | | 0.005 *** | 0.002 | 0.007 ** | | | |
| | | | | (0.001) | (0.003) | (0.003) | | | |
| IP × Mis1 | | | | 0.008 *** | −0.002 | 0.008 | | | |
| | | | | (0.003) | (0.007) | (0.007) | | | |
| Incent | | | | | | | 0.005 *** | −0.001 | 0.004 |
| | | | | | | | (0.001) | (0.004) | (0.004) |
| Incent × Mis1 | | | | | | | 0.011 *** | 0.002 | 0.016 ** |
| | | | | | | | (0.002) | (0.007) | (0.007) |
| SEO | 0.000 *** | 0.001 *** | 0.001 *** | 0.000 *** | 0.001 *** | 0.001 *** | 0.000 *** | 0.001 *** | 0.001 *** |
| | (0.000) | (0.000) | (0.000) | (0.000) | (0.000) | (0.000) | (0.000) | (0.000) | (0.000) |

续表

| 模型 | （1） | （2） | （3） | （4） | （5） | （6） | （7） | （8） | （9） |
|---|---|---|---|---|---|---|---|---|---|
| 因变量 | *RD* | *CAPEX* | *INV* | *RD* | *CAPEX* | *INV* | *RD* | *CAPEX* | *INV* |
| Intercept | −0.012* | −0.021 | −0.041 | −0.003 | −0.020 | −0.030 | −0.009 | −0.020 | −0.036 |
| | （0.007） | （0.030） | （0.032） | （0.007） | （0.030） | （0.032） | （0.007） | （0.030） | （0.031） |
| Controls | Y | Y | Y | Y | Y | Y | Y | Y | Y |
| Year & Industry | Y | Y | Y | Y | Y | Y | Y | Y | Y |
| N | 10740 | 10740 | 10740 | 10740 | 10740 | 10740 | 10740 | 10740 | 10740 |
| F | 79.07*** | 28.41*** | 38.27*** | 77.16*** | 27.08*** | 36.64*** | 77.53*** | 27.07*** | 36.46*** |
| $Adj\_R^2$ | 0.431 | 0.149 | 0.188 | 0.440 | 0.149 | 0.189 | 0.440 | 0.149 | 0.189 |

附表 9 – 3　　　　　稳健性检验：将 *Mis* 替换为 *Mis2*

| 模型 | （1） | （2） | （3） | （4） | （5） | （6） | （7） | （8） | （9） |
|---|---|---|---|---|---|---|---|---|---|
| 因变量 | *RD* | *CAPEX* | *INV* | *RD* | *CAPEX* | *INV* | *RD* | *CAPEX* | *INV* |
| Mis2 | 0.002*** | 0.002** | 0.005*** | 0.002*** | 0.002** | 0.004*** | 0.001*** | 0.002** | 0.004*** |
| | （0.000） | （0.001） | （0.001） | （0.000） | （0.001） | （0.001） | （0.000） | （0.001） | （0.001） |
| IP | | | | 0.005*** | 0.003 | 0.008** | | | |
| | | | | （0.001） | （0.003） | （0.003） | | | |
| IP × Mis2 | | | | 0.003*** | 0.000 | 0.005 | | | |
| | | | | （0.001） | （0.003） | （0.003） | | | |
| Incent | | | | | | | 0.006*** | 0.000 | 0.006 |
| | | | | | | | （0.001） | （0.004） | （0.004） |
| Incent × Mis2 | | | | | | | 0.005*** | 0.002 | 0.008** |
| | | | | | | | （0.001） | （0.003） | （0.003） |
| SEO | 0.000*** | 0.001*** | 0.001*** | 0.000*** | 0.001*** | 0.001*** | 0.000*** | 0.001*** | 0.001*** |
| | （0.000） | （0.000） | （0.000） | （0.000） | （0.000） | （0.000） | （0.000） | （0.000） | （0.000） |
| Intercept | −0.004 | 0.028 | 0.016 | 0.004 | 0.031 | 0.028 | −0.003 | 0.030 | 0.02 |
| | （0.007） | （0.030） | （0.032） | （0.007） | （0.031） | （0.032） | （0.007） | （0.030） | （0.032） |
| Controls | Y | Y | Y | Y | Y | Y | Y | Y | Y |
| Year & Industry | Y | Y | Y | Y | Y | Y | Y | Y | Y |

续表

| 模型 | (1) | (2) | (3) | (4) | (5) | (6) | (7) | (8) | (9) |
|---|---|---|---|---|---|---|---|---|---|
| 因变量 | *RD* | *CAPEX* | *INV* | *RD* | *CAPEX* | *INV* | *RD* | *CAPEX* | *INV* |
| *N* | 9607 | 9607 | 9607 | 9607 | 9607 | 9607 | 9607 | 9607 | 9607 |
| *F* | 79. 56 *** | 24. 93 *** | 34. 62 *** | 77. 34 *** | 23. 74 *** | 33. 09 *** | 77. 50 *** | 23. 72 *** | 32. 99 *** |
| *Adj _ R²* | 0. 432 | 0. 145 | 0. 191 | 0. 44 | 0. 145 | 0. 192 | 0. 44 | 0. 145 | 0. 192 |

附表 9 - 4　　　　　　　稳健性检验：将 *Mis* 替换为 *Mis*3

| 模型 | (1) | (2) | (3) | (4) | (5) | (6) | (7) | (8) | (9) |
|---|---|---|---|---|---|---|---|---|---|
| 因变量 | *RD* | *CAPEX* | *INV* | *RD* | *CAPEX* | *INV* | *RD* | *CAPEX* | *INV* |
| *Mis*3 | 0. 005 *** | 0. 010 *** | 0. 016 *** | 0. 004 *** | 0. 009 *** | 0. 015 *** | 0. 004 *** | 0. 009 *** | 0. 015 *** |
| | (0. 001) | (0. 003) | (0. 003) | (0. 001) | (0. 003) | (0. 003) | (0. 001) | (0. 003) | (0. 003) |
| *IP* | | | | 0. 005 *** | 0. 002 | 0. 008 ** | | | |
| | | | | (0. 001) | (0. 003) | (0. 003) | | | |
| *IP × Mis*3 | | | | 0. 005 ** | − 0. 002 | 0. 006 | | | |
| | | | | (0. 003) | (0. 007) | (0. 008) | | | |
| *Incent* | | | | | | | 0. 005 *** | 0. 000 | 0. 006 |
| | | | | | | | (0. 001) | (0. 004) | (0. 004) |
| *Incent × Mis*3 | | | | | | | 0. 011 *** | 0. 002 | 0. 017 ** |
| | | | | | | | (0. 002) | (0. 008) | (0. 008) |
| *SEO* | 0. 000 *** | 0. 001 *** | 0. 001 *** | 0. 000 *** | 0. 001 *** | 0. 001 *** | 0. 000 *** | 0. 001 *** | 0. 001 *** |
| | (0. 000) | (0. 000) | (0. 000) | (0. 000) | (0. 000) | (0. 000) | (0. 000) | (0. 000) | (0. 000) |
| *Intercept* | 0. 012 * | 0. 051 * | 0. 062 ** | 0. 018 ** | 0. 053 * | 0. 070 ** | 0. 008 | 0. 052 * | 0. 058 * |
| | (0. 007) | (0. 029) | (0. 031) | (0. 007) | (0. 030) | (0. 031) | (0. 007) | (0. 029) | (0. 031) |
| *Controls* | Y | Y | Y | Y | Y | Y | Y | Y | Y |
| *Year & Industry* | Y | Y | Y | Y | Y | Y | Y | Y | Y |
| *N* | 9607 | 9607 | 9607 | 9607 | 9607 | 9607 | 9607 | 9607 | 9607 |
| *F* | 79. 37 *** | 24. 89 *** | 34. 50 *** | 76. 93 *** | 23. 66 *** | 32. 86 *** | 77. 35 *** | 23. 66 *** | 32. 87 *** |
| *Adj _ R²* | 0. 431 | 0. 146 | 0. 192 | 0. 438 | 0. 146 | 0. 193 | 0. 439 | 0. 146 | 0. 192 |

# 第十章
# 主要结论与启示

## 第一节　主要研究结论

　　股权分置改革以后，股票市场全流通的基本实现进一步强化了上市公司股东和管理层利益与公司股票价格或市场价值之间的联系，由此促使采用基于股权的激励措施以缓解股东与管理层之间的利益冲突，改善上市公司治理成为可能和必然。据本书统计显示，自 2005 年 12 月 31 日《上市公司股权激励管理办法（试行）》发布以来，我国上市公司采用股权激励计划实施管理层股权激励呈逐年上升趋势，上市公司股权激励占管理层薪酬的比重不断增加，股权激励计划逐渐成为上市公司激励管理层的主流手段之一。然而，长期以来学术界对于股权激励效应一直存在争议，国内上市公司管理层股权激励的实践也未能达到预期效果，由此，基于中国特定的制度背景和市场环境，探讨股权激励计划的实施对管理层特定决策动机的影响，有助于我们深化对股权激励计划效果的理解，也能为优化我国上市公司股权激励计划制度设计提供一些启示。

　　首先，本书实证检验股权激励计划的实施及其力度对我国上市公司股票错误定价的影响。研究结果显示，上市公司股票错误定价与股权激励计划的实施呈正相关关系。将股票错误定价区分为股价高估和股价低估两种形态进行分别检验发现，管理层股权激励导致被高估股票估值的进一步上升，但并没有显著提升被低估股票的估值水平。并且，管理层股权激励的实施还加大了股价崩盘风险。

其次，从股权激励比例、激励工具的选择、激励有效期和行权（解锁）业绩条件等维度，本书检验了激励契约要素对上市公司实施股权激励计划后股票错误定价的影响。研究发现，股权激励计划实施后的股票错误定价与股权激励计划采用股票期权作为激励工具，以及采用的绝对业绩指标显著正相关，而没有证据显示股权激励比例、股权激励计划有效期以及相对业绩指标会对股票错误定价产生显著影响。

再次，本书构建了两个代理成本指数度量管理层代理冲突，在此基础上检验其在股权激励影响股票错误定价过程中的中介效应，以考察管理层股权激励影响股票错误定价的经济机理。检验结果显示，两类代理成本指数在股权激励影响股票错误定价的过程中发挥了显著的中介效应，即股权激励通过加剧管理层代理冲突继而加剧了上市公司股票错误定价，表明股权激励恶化管理层代理问题是其加剧上市公司股票错误定价的重要机制之一。

另外，从上市公司产权性质、公司成长性和融资约束程度等维度出发，本书考察了不同特征的上市公司中管理层股权激励对股票错误定价的影响。本书研究发现：管理层股权激励对股票错误定价的影响在国有上市公司、高成长性公司和低融资约束公司中更加显著，表明管理层股权激励效应的发挥依赖于上市公司各方面的特征，从而在异质性公司中存在差异化的表现。

最后，本书以上市公司投资决策作为分析对象，在验证上市公司迎合投资存在性的基础上考察股权激励驱使管理层迎合股票错误定价的路径。研究结果显示，上市公司研发投资具有更强的迎合动机，股权激励计划的实施及其力度强化了管理层利用研发投资对股票错误定价的迎合。当股价被高估时，总投资—误定价敏感性和研发投资—误定价敏感性均与股权激励计划的实施及力度显著正相关。

综上所述，我国上市公司管理层股权激励计划的实施，通过恶化管理层代理冲突进而加剧了上市公司股票错误定价，并且在这种影响与股权激励计划契约要素和公司特征密切相关，同时管理层的理性迎合是股权激励加剧股票错误定价的重要途径。总的来说，从股票市场表现来看，我国上市公司股权激励计划的实施并未实现其改善公司治理、缓解管理层代理冲突继而实现利益协同效应的初衷。

## 第二节　启示与建议

本书的研究结论为上市公司、投资者以及监管部门等资本市场的各个参与主体均能够提供一些有益启示，对于完善公司治理、促进中国资本市场长期、健康、稳定发展具有重要的现实意义。

### 一、对上市公司的启示与建议

上市公司在推出股权激励计划时，应充分注重激励契约要素的论证和优化，确保股权激励计划发挥公司治理作用，最大限度地避免股权激励计划沦为管理层的福利工具。本书的研究结论表明，激励工具和业绩指标的选择均会对股权激励效应产生重要影响，而激励力度和激励有效期却并未发挥应有的影响。因此要发挥股权激励的公司治理作用，必须优化股权激励方案的契约要素。

第一，股权激励力度的设计，应充分考虑管理层货币薪酬、公司内部治理约束条件和外部治理环境等方面的综合影响。当股权激励计划能够充分发挥治理效应时通过增强激励力度进一步强化其治理作用，而当股权激励计划的福利性质更甚时，应考虑降低激励力度以削弱股权激励计划的福利效应。

第二，在我国现行股权激励有效期最长不超过 10 年的规定下，尽量延长股权激励的有效期以克服管理层行为的短期化倾向，促使股权激励计划发挥长期激励效应。

第三，由于当前我国期权设计和交易制度等尚不成熟和完善，股权激励计划采用更多的期权作为激励标的物容易导致管理层机会主义行为和短期冒险倾向，因此建议上市公司股权激励计划中多采用限制性股票等具有线性收益特征的激励标的物，并辅之以适当的限售期规定，确保股权激励计划能够有效发挥公司治理效应。

第四，股权激励行权（解锁）业绩指标的选择上，应尽可能采用多维指标和相对指标，以避免单一指标和绝对指标容易被人为操纵的缺陷。

## 二、对监管部门的启示和建议

首先，监管部门应充分发挥市场在资源配置过程中的决定性作用，将对上市公司股权激励计划的审核批准改变为备案制，对上市公司股权激励计划的实施发挥相关指导功能。从理论上来说，是否实施股权激励计划以及如何实施股权激励计划，是上市公司根据自身发展需要自主决策的结果，应由上市公司股东及股东大会决定，股权激励计划是否科学合理交由市场判断。因此，监管部门应尽可能减少对股权激励比例、激励有效期等契约要素等的干预。

其次，监管部门应加强上市公司股权激励计划信息披露的强度和深度，为投资者准确识别上市公司股权激励效应提供有效信息，加大对上市公司股权激励计划实施过程中上市公司或其大股东、高级管理人员等违规违法的处罚力度。许多研究发现，市场往往"先验地"认为股权激励能够有效改善公司治理，从而给予其正面评价产生显著为正的市场反应，这也导致了现有股权激励计划对市场估值的影响主要体现为股票错误定价。尽管当前我国监管部门要求上市公司实施股权激励计划时必须就相关事项和环节进行信息披露，但我们不难发现现有的信息披露要求仅仅局限于特定股权激励计划的内容和实施步骤。事实上，股权激励计划契约要素的设计及其实施与上市公司历史财务信息、经营状况及其他方面的信息密切相关，仅仅孤立地审视契约要素难以判断股权激励计划的合理性及其效果，而对于普通投资者而言收集上市公司一定时期内的历史信息并加以深入分析显然要求过高，由此，要求上市公司披露股权激励计划方案时结合一定时期（如 3 年）内的历史信息并进行相应分析，为投资者进行理性判断提供有效信息显得尤为重要。

最后，监管部门应密切关注上市公司市值管理过程中的股权激励计划，防范上市公司利用股权激励以市值管理之名行"股价管理"之实。股权分置改革以后，市值管理逐渐成为上市公司、股东、证券市场乃至宏观经济管理者关注的焦点。然而，国内学术界和实务界对市值管理的理解却众说纷纭。许多观点将上市公司的战略管理、融资管理、投资管理、绩效管理等一切经营活动都纳入市值管理的范畴，显得过于宽泛。这种过于宽泛的界定对中国资本市场刚处于起步阶段的市值管理来说，不仅不利于市值管理的研究，而且也不利于市值管理工作的具体开展。事实上，过去一段时间上市公司假"市值管理"之名行"概念炒作"之实的行为着实不少，有的已经触碰了操纵市场、内幕交易、虚假披露等"高压线"。这与当前理论上对市值管理的内涵界定不准确、实践中缺乏有效引导上市公司市值管理的指引文件等不无关系。显然，市值管理不是简单的股价管理，而是基于上市公司价值创造和价值经营基础上的价值实现，脱离上市公司内在价值增长的股价管理只能带来公司股价的一时繁荣，最终必然回归其内在价值，造成股价的大起大落，损害投资者和上市公司利益。本书的研究结果表明，股权激励的实施会加剧上市公司股票错误定价，这与上市公司运用股权激励改善公司治理，促进公司价值长期稳定增长存在本质区别。诚然，监管部门的指引文件无法准确界定上市公司市值管理与股价管理的界限，但可以采用"负面清单"的方式，杜绝上市公司利用股权激励计划实施市值管理过程中大股东或内部人的不合理做法，如限制大股东及管理层减持股票或延长限售期等。

### 三、对投资者的启示和建议

股权激励的初衷是将管理层利益与上市公司绑定，实现利益协同效应。但实践中股权激励效应的发挥不仅取决于股权激励计划契约要素的实施，而且依赖于上市公司特征及其治理结构。因此，投资者不能一概而论片面地认为上市公司股权激励计划的实施一定是"利好"事件，应系统地、辩证地看待上市公司股权激励计划的实施，从上市公司股权激励计划契约要素、以往业绩表现及公司治理状况等方面综合判断，作出科学合理的投资决策。

# 参考文献

[1] 陈国进, 张贻军, 王景. 再售期权、通胀幻觉与中国股市泡沫的影响因素分析 [J]. 经济研究, 2009 (5).

[2] 陈文强, 贾生华. 股权激励存在持续性的激励效应吗? ——基于倾向得分匹配法的实证分析 [J]. 财经论丛, 2015 (9).

[3] 陈艳艳. 管理层对股权激励行权价格的操纵行为研究 [J]. 经济经纬, 2014 (2).

[4] 陈艳艳. 员工股权激励的实施动机与经济后果研究 [J]. 管理评论, 2015 (9).

[5] 陈勇, 廖冠民, 王霆. 我国上市公司股权激励效应的实证分析 [J]. 管理世界, 2005 (2).

[6] 程隆云, 岳春苗. 上市公司高管层股权激励绩效的实证分析 [J]. 经济与管理研究, 2008 (6).

[7] 傅颀, 汪祥耀, 路军. 管理层权力、高管薪酬变动与公司并购行为分析 [J]. 会计研究, 2014 (11).

[8] 高敬忠, 周晓苏. 管理层持股能减轻自愿性披露中的代理冲突吗? ——以我国 A 股上市公司业绩预告数据为例 [J]. 财经研究,

2013（11）.

　　[9] 古志辉，郝项超，张永杰．卖空约束、投资者行为和 A 股市场的定价泡沫 [J]．金融研究，2011（2）.

　　[10] 顾斌，周立烨．我国上市公司股权激励实施效果的研究 [J]．会计研究，2007（2）.

　　[11] 韩慧博，吕长江，李然．非效率定价、管理层股权激励与公司股票股利 [J]．财经研究，2012（10）.

　　[12] 韩亮亮，李凯，宋力．高管持股与企业价值——基于利益趋同效应与壕沟防守效应的经验研究 [J]．南开管理评论，2006（4）.

　　[13] 何孝星，叶展．股权激励、代理冲突与股价崩盘风险——基于中国资本市场的经验证据 [J]．吉林大学社会科学学报，2017（5）.

　　[14] 胡昌生，池阳春．投资者情绪、资产估值与股票市场波动 [J]．金融研究，2013（10）.

　　[15] 胡艳，马连福．创业板高管激励契约组合、融资约束与创新投入 [J]．山西财经大学学报，2015（8）.

　　[16] 黄桂田，张悦．企业改革 30 年：管理层激励效应——基于上市公司的样本分析 [J]．金融研究，2008（12）.

　　[17] 黄虹，张鸣，柳琳．"回购＋动态考核"限制性股票激励契约模式研究——基于昆明制药股权激励方案的讨论 [J]．会计研究，2014（2）.

　　[18] 黄伟彬．非理性股价与企业投资行为：来自中国上市公司的经验证据 [J]．经济管理，2008（16）.

　　[19] 姜付秀，黄磊，张敏．产品市场竞争、公司治理与代理成本 [J]．世界经济，2009（10）.

　　[20] 姜涛，王怀明．高管激励对高新技术企业 R&D 投入的影

响——基于实际控制人类型视角［J］．研究与发展管理，2012（4）．

［21］靳光辉．投资者情绪、高管权益激励与公司投资——基于迎合渠道的实证检验［J］．中央财经大学学报，2015（6）．

［22］黎文靖，郑曼妮．通货膨胀预期、企业成长性与企业投资［J］．统计研究，2016（5）．

［23］李春涛，宋敏．中国制造业企业的创新活动：所有制和 CEO 激励的作用［J］．经济研究，2010（5）．

［24］李君平，徐龙炳．资本市场错误定价、融资约束与公司投资［J］．财贸经济，2015（3）．

［25］李科，徐龙炳，朱伟骅．卖空限制与股票错误定价——融资融券制度的证据［J］．经济研究，2014（10）．

［26］李旎，蔡贵龙，郑国坚．市值管理的综合分析框架：理论与实践［J］．会计与经济研究，2018（2）．

［27］李寿喜．产权、代理成本和代理效率［J］．经济研究，2007（1）．

［28］李小荣，张瑞君．股权激励影响风险承担：代理成本还是风险规避？［J］．会计研究，2014（1）．

［29］李新春，杨学儒，姜岳新，胡晓红．内部人所有权与企业价值——对中国民营上市公司的研究［J］．经济研究，2008（11）．

［30］李心丹，俞红海，陆蓉，徐龙炳．中国股票市场"高送转"现象研究［J］．管理世界，2014（11）．

［31］李曜．两种股权激励方式的特征、应用与证券市场反应的比较研究［J］．财贸经济，2009（2）．

［32］李勇军．股权激励计划契约结构对其激励效应的影响［J］．财经理论与实践，2015（4）．

[33] 林大庞，苏冬蔚．股权激励与公司业绩——基于盈余管理视角的新研究 [J]．金融研究，2011（9）．

[34] 刘宝华，罗宏，周微．股权激励行权限制与盈余管理优序选择 [J]．管理世界，2016（11）．

[35] 刘宝华，王雷．业绩型股权激励、行权限制与企业创新 [J]．南开管理评论，2018（1）．

[36] 刘浩，孙铮．西方股权激励契约结构研究综述——兼论对中国上市公司股权激励制度的启示 [J]．经济管理，2009（4）．

[37] 刘井建，纪丹宁，王健．高管股权激励计划、合约特征与公司现金持有 [J]．南开管理评论，2017（1）．

[38] 刘银国，孙慧倩，王烨，古柳．业绩型股权激励与盈余管理方式选择 [J]．中国管理科学，2017（3）．

[39] 刘运国，刘雯．我国上市公司的高管任期与 R&D 支出 [J]．管理世界，2007（1）．

[40] 卢锐，魏明海，黎文靖．管理层权力、在职消费与产权效率——来自中国上市公司的证据 [J]．南开管理评论，2008（5）．

[41] 鹿坪，姚海鑫．投资者情绪与盈余错误定价——来自中国证券市场的经验证据 [J]．金融经济学研究，2014（3）．

[42] 罗富碧，冉茂盛，杜家廷．高管人员股权激励与投资决策关系的实证研究 [J]．会计研究，2008（8）．

[43] 罗宏，黄文华．国企分红、在职消费与公司业绩 [J]．管理世界，2008（9）．

[44] 罗琦，贺娟．股票市场错误定价与控股股东投融资决策 [J]．经济管理，2015（1）．

[45] 吕长江，张海平．股权激励计划对公司投资行为的影响

［J］．管理世界，2011（11）．

［46］吕长江，张海平．上市公司股权激励计划对股利分配政策的影响［J］．管理世界，2012（11）．

［47］吕长江，郑慧莲，严明珠，许静静．上市公司股权激励制度设计：是激励还是福利？［J］．管理世界，2009（9）．

［48］马连福，沈小秀，王元芳．产品市场竞争、高管持股与管理层盈余预告［J］．经济与管理研究，2013（5）．

［49］梅世强，位豪强．高管持股：利益趋同效应还是壕沟防御效应——基于创业板上市公司的实证分析［J］．科研管理，2014（7）．

［50］潘敏，朱迪星．企业的投资决策在迎合市场情绪吗？——来自我国上市公司的经验证据［J］．经济管理，2010（11）．

［51］屈文洲，叶震南，闫丽梅．股价泡沫真的会影响公司资本投资吗？——基于股权融资机制和迎合机制的实证检验［J］．证券市场导报，2016（6）．

［52］权小锋，吴世农，文芳．管理层权力、私有收益与薪酬操纵［J］．经济研究，2010（11）．

［53］施光耀，刘国芳，梁彦军．中国上市公司市值管理评价研究［J］．管理学报，2008（1）．

［54］苏冬蔚，林大庞．股权激励、盈余管理与公司治理［J］．经济研究，2010（11）．

［55］苏坤．管理层股权激励、风险承担与资本配置效率［J］．管理科学，2015（3）．

［56］孙健，卢闯．高管权力、股权激励强度与市场反应［J］．中国软科学，2012（4）．

［57］孙菁，周红根，李启佳．股权激励与企业研发投入——基于

PSM 的实证分析 ［J］. 南方经济，2016（4）.

　［58］谭跃，夏芳. 股价与中国上市公司投资——盈余管理与投资者情绪的交叉研究 ［J］. 会计研究，2011（8）.

　［59］汪健，卢煜，朱兆珍. 股权激励导致过度投资吗？——来自中小板制造业上市公司的经验证据 ［J］. 审计与经济研究，2013（5）.

　［60］汪卢俊，颜品. 异质信念与股票价格 ［J］. 广东财经大学学报，2014（2）.

　［61］王华，黄之骏. 经营者股权激励、董事会组成与企业价值——基于内生性视角的经验分析 ［J］. 管理世界，2006（9）.

　［62］王化成，曹丰，高升好，李争光. 投资者保护与股价崩盘风险 ［J］. 财贸经济，2014（10）.

　［63］王生年，朱艳艳. 股权激励影响了资产误定价吗——基于盈余管理的中介效应检验 ［J］. 现代财经（天津财经大学学报），2017（7）.

　［64］王文华，张卓，季小立. 高管持股与研发投资：利益趋同效应还是管理防御效应？——基于高新技术上市公司的实证研究 ［J］. 研究与发展管理，2014（4）.

　［65］王烨，叶玲，盛明泉. 管理层权力、机会主义动机与股权激励计划设计 ［J］. 会计研究，2012（10）.

　［66］魏志华，吴育辉，李常青. 家族控制、双重委托代理冲突与现金股利政策——基于中国上市公司的实证研究 ［J］. 金融研究，2012（7）.

　［67］温忠麟，张雷，侯杰泰，刘红云. 中介效应检验程序及其应用 ［J］. 心理学报，2004（5）.

　［68］吴卫星，汪勇祥，梁衡义. 过度自信、有限参与和资产价格

泡沫［J］．经济研究，2006（4）．

［69］吴文华，姚丽华．战略性新兴产业上市公司核心骨干股权激励对创新绩效的影响研究［J］．科技进步与对策，2014（5）．

［70］吴育辉，吴世农．企业高管自利行为及其影响因素研究——基于我国上市公司股权激励草案的证据［J］．管理世界，2010（5）．

［71］吴育辉，吴世农．股权集中、大股东掏空与管理层自利行为［J］．管理科学学报，2011（8）．

［72］夏芳，谭跃，张跃龙．股价与企业投资关系研究比较——基于管理层操控和投资者非理性视角［J］．外国经济与管理，2011（6）．

［73］夏芸，唐清泉．我国高科技企业的股权激励与研发支出分析［J］．证券市场导报，2008（10）．

［74］肖虹，曲晓辉．R&D 投资迎合行为：理性迎合渠道与股权融资渠道？——基于中国上市公司的经验证据［J］．会计研究，2012（2）．

［75］肖淑芳，刘颖，刘洋．股票期权实施中经理人盈余管理行为研究——行权业绩考核指标设置角度［J］．会计研究，2013（12）．

［76］肖淑芳，轩然，张晨宇．我国上市公司首次披露股权激励计划的市场反应分析［J］．数理统计与管理，2009（3）．

［77］肖星，陈婵．激励水平、约束机制与上市公司股权激励计划［J］．南开管理评论，2013（1）．

［78］谢德仁，陈运森．业绩型股权激励、行权业绩条件与股东财富增长［J］．金融研究，2010（12）．

［79］谢德仁，汤晓燕．上市公司股权激励计划中的"10%/20%"现象探究［J］．证券市场导报，2014（5）．

［80］谢佩洪，汪春霞．管理层权力、企业生命周期与投资效

率——基于中国制造业上市公司的经验研究 [J]. 南开管理评论, 2017 (1).

[81] 徐爱农. 中国股票市场泡沫测度及其合理性研究 [J]. 财经理论与实践, 2007 (1).

[82] 徐浩峰, 朱松. 机构投资者与股市泡沫的形成 [J]. 中国管理科学, 2012 (4).

[83] 徐宁, 徐向艺. 上市公司股权激励效应研究脉络梳理与不同视角比较 [J]. 外国经济与管理, 2010a (7).

[84] 徐宁, 徐向艺. 股票期权激励契约合理性及其约束性因素——基于中国上市公司的实证分析 [J]. 中国工业经济, 2010b (2).

[85] 徐倩. 不确定性、股权激励与非效率投资 [J]. 会计研究, 2014 (3).

[86] 徐寿福. 股权激励会强化管理层的迎合动机吗? ——来自上市公司 R&D 投资的证据 [J]. 经济管理, 2017 (6).

[87] 徐寿福, 邓鸣茂, 陈晶萍. 融资约束、现金股利与投资——现金流敏感性 [J]. 山西财经大学学报, 2016 (2).

[88] 徐寿福, 贺学会, 陈晶萍. 股权质押与大股东双重择时动机 [J]. 财经研究, 2016 (6).

[89] 徐寿福, 徐龙炳. 信息披露质量与资本市场估值偏误 [J]. 会计研究, 2015a (1).

[90] 徐寿福, 徐龙炳. 现金股利政策、代理成本与公司绩效 [J]. 管理科学, 2015b (1).

[91] 许年行, 于上尧, 伊志宏. 机构投资者羊群行为与股价崩盘风险 [J]. 管理世界, 2013 (7).

[92] 杨志强, 石水平, 石本仁, 曹鑫雨. 混合所有制、股权激励

与融资决策中的防御行为——基于动态权衡理论的证据［J］．财经研究，2016（8）.

［93］游家兴，吴静．沉默的螺旋：媒体情绪与资产误定价［J］．经济研究，2012（7）.

［94］俞鸿琳．国有上市公司管理者股权激励效应的实证检验［J］．经济科学，2006（1）.

［95］袁建国，后青松，程晨．企业政治资源的诅咒效应——基于政治关联与企业技术创新的考察［J］．管理世界，2015（1）.

［96］张东旭，张姗姗，董小红．管理者权力、股权激励与盈余管理——基于倾向评分匹配法和双重差分法的分析［J］．山西财经大学学报，2016（4）.

［97］张戈，王美今．投资者情绪与中国上市公司实际投资［J］．南方经济，2007（3）.

［98］张俊瑞，张健光，王丽娜．中国上市公司股权激励效果考察［J］．西安交通大学学报：社会科学版，2009（1）.

［99］张庆，朱迪星．投资者情绪、管理层持股与企业实际投资——来自中国上市公司的经验证据［J］．南开管理评论，2014（4）.

［100］张晓峰，徐寿福，陈晶萍．管理层权力与上市公司 R&D 迎合投资［J］．证券市场导报，2018（7）.

［101］张馨艺，张海燕，夏冬林．高管持股、择时披露与市场反应［J］．会计研究，2012（6）.

［102］宗文龙，王玉涛，魏紫．股权激励能留住高管吗？——基于中国证券市场的经验证据［J］．会计研究，2013（9）.

［103］周振东，徐伟，张邦．市场时机与中国上市公司投资行为——基于股权融资渠道的实证检验［J］．投资研究，2011（9）.

［104］邹颖，汪平，张丽敏．股权激励、控股股东与股权资本成本［J］．经济管理，2015（6）．

［105］朱朝晖．投资者情绪与上市公司投资决策——基于迎合渠道的研究［J］．商业经济与管理，2013（6）．

［106］Aboody, D. , Kasznik, R. CEO Stock Option Awards and the Timing of Corporate Voluntary Disclosures［J］. Journal of Accounting and Economics, 2000, 29（1）: 73 – 100.

［107］Aboody, D. , Kasznik, R. Executive Stock – Based Compensation and Firms "Cash Payout: The Role of Shareholders" Tax – Related Payout Preferences［J］. Review of Accounting Studies, 2008, 13（2 – 3）: 216 – 251.

［108］Aboody, D. , Johnson, N. B. , Kasznik, R. Employee Stock Options and Future Firm Performance: Evidence from Option Repricings［J］. Journal of Accounting and Economics, 2010, 50（1）: 74 – 92.

［109］Aggarwal, R. K. , Samwick, A. A. Empire – Builders and Shirkers: Investment, Firm Performance, and Managerial Incentives［J］. Journal of Corporate Finance, 2006, 12（3）: 489 – 515.

［110］Agrawal, A. , Mandelker, G. N. Managerial Incentives and Corporate Investment and Financing Decisions［J］. The Journal of Finance, 1987, 42（4）: 823 – 837.

［111］Alzahrani, M. , Rao, R. P. Managerial Behavior and the Link Between Stock Mispricing and Corporate Investments: Evidence from Market – to – Book Ratio Decomposition［J］. Financial Review, 2014, 49（1）: 89 – 116.

［112］Ang, J. S. , Cheng, Y. Direct Evidence On the Market – Driven

Acquisition Theory [J]. Journal of Financial Research, 2006, 29 (2): 199 – 216.

[113] Antle, R., Smith, A. J. An Empirical Investigation of the Relative Performance Evaluation of Corporate Executives [J]. Journal of Accounting Research, 1986, 24 (1): 1 – 39.

[114] Armstrong, C. S., Larcker, D. F., Ormazabal, G., Taylor, D. J. The Relation Between Equity Incentives and Misreporting: The Role of Risk – Taking Incentives [J]. Journal of Financial Economics, 2013, 109 (2): 327 – 350.

[115] Arslan – Ayaydin, Ö., Boudt, K., Thewissen, J. Managers Set the Tone: Equity Incentives and the Tone of Earnings Press Releases [J]. Journal of Banking & Finance, 2016, 72: S132 – S147.

[116] Baker, M., Wurgler, J. A Catering Theory of Dividends [J]. Journal of Finance, 2004a, 59 (3): 1125 – 1165.

[117] Baker, M., Wurgler, J. Appearing and Disappearing Dividends: The Link to Catering Incentives [J]. Journal of Financial Economics, 2004b, 73 (2): 271 – 288.

[118] Baker, M., Wurgler, J. Chapter 5—Behavioral Corporate Finance: An Updated Survey [R]. Handbook of the Economics of Finance, Volume 2, Part A, 2013, 357 – 424.

[119] Baker, M., Foley, C. F., Wurgler, J. Multinationals as Arbitrageurs: The Effect of Stock Market Valuations on Foreign Direct Investment [R]. Review of Financial Studies, 2009, 22 (1): 337 – 369.

[120] Baker, M., Stein, J. C., Wurgler, J. When Does the Market Matter? Stock Prices and the Investment of Equity – Dependent Firms [J].

The Quarterly Journal of Economics, 2003, 118 (3): 969 – 1005.

［121］ Barberis, N. , Shleifer, A. , Vishny, R. A Model of Investor Sentiment ［J］. Journal of Financial Economics, 1998, 49 (3): 307 – 343.

［122］ Bebchuk, L. A. , Fried, J. M. Executive Compensation as an Agency Problem ［J］. Journal of Economics Perspectives, 2003, 17 (3): 71 – 92.

［123］ Bebchuk, L. A. , Fried, J. M. How to Tie Equity Compensation to Long – Term Results ［J］. Journal of Applied Corporate Finance, 2010, 22 (1): 99 – 106.

［124］ Bebchuk, L. A. , Fried, J. M. , Walker, D. I. Managerial Power and Rent Extraction in the Design of Executive Compensation ［R］. University of Chicago Law Review, 2002, 69 (3): 751 – 846.

［125］ Beber, A. , Pagano, M. Short – Selling Bans Around the World: Evidence From the 2007—2009 Crisis ［J］. Journal of Finance, 2013, 68 (1): 343 – 381.

［126］ Beneish, M. D. , Vargus, M. E. Insider Trading, Earnings Quality, and Accrual Mispricing ［R］. The Accounting Review, 2002, 77 (4): 755 – 791.

［127］ Benmelech, E. , Kandel, E. , Veronesi, P. Stock – Based Compensation and CEO (Dis) Incentives ［J］. Quarterly Journal of Economics, 2010, 125 (4): 1769 – 1820.

［128］ Bennett, B. , Bettis, J. C. , Gopalan, R. , Milbourn, T. Compensation Goals and Firm Performance ［J］. Journal of Financial Economics, 2017, 124 (2): 307 – 330.

［129］ Berger, P. G. , Ofek, E. Diversification's Effecton Firm Value

[J]. Journal of Financial Economics, 1995, 37 (1): 39 – 65.

[130] Bergman, N. K., Jenter, D. Employee Sentiment and Stock Option Compensation [J]. Journal of Financial Economics, 2007, 84 (3): 667 – 712.

[131] Bergstresser, D., Philippon, T. CEO Incentives and Earnings Management [J]. Journal of Financial Economics, 2006, 80 (3): 511 – 529.

[132] Berkman, H., Dimitrov, V., Jain, P. C., Koch, P. D., Tice, S. Sell On the News: Differences of Opinion, Short – Sales Constraints, and Returns Around Earnings Announcements [J]. Journal of Financial Economics, 2009, 92 (3): 376 – 399.

[133] Black, F. Noise [J]. Journal of Finance, 1986, 41 (3): 528 – 543.

[134] Bliss, R. T., Rosen, R. J. CEO Compensation and Bank Mergers [J]. Journal of Financial Economics, 2001, 61 (1): 107 – 138.

[135] Boehme, R. D., Danielsen, B. R., Sorescu, S. M. Short – Sale Constraints, Differences of Opinion, and Overvaluation [J]. The Journal of Financial and Quantitative Analysis, 2006, 41 (2): 455 – 487.

[136] Boehmer, E., Wu, J. Short Selling and the Price Discovery Process [J]. The Review of Financial Studies, 2013, 26 (2): 287 – 322.

[137] Bonaimé, A. A., öztekin, Ö., Warr, R. S. Capital Structure, Equity Mispricing, and Stock Repurchases [J]. Journal of Corporate Finance, 2014, 26: 182 – 200.

[138] Borisova, G., Brown, J. R. R&D Sensitivity to Asset Sale Proceeds: New Evidence On Financing Constraints and Intangible Investment

[J]. Journal of Banking & Finance, 2013, 37 (1): 159 – 173.

[139] Bris, A., Goetzmann, W. N., Zhu, N. Efficiency and the Bear: Short Sales and Markets Around the World [J]. Journal of Finance, 2007, 62 (3): 1029 – 1079.

[140] Brisker, E. R., Autore, D. M., Colak, G., Peterson, D. R. Executive Compensation Structure and the Motivations for Seasoned Equity Offerings, 2014, 40 (1): 330 – 345.

[141] Burger, M. A., Curtis, A. Aggregate Noise Trader Risk, Mispricing, and Accounting Fundamentals [EB/OL] (2016 – 03 – 27) http: // https: //ssrn. com/abstract = 2426573.

[142] Burns, N., Kedia, S. The Impact of Performance – Based Compensation On Misreporting [J]. Journal of Financial Economics, 2006, 79 (1): 35 – 67.

[143] Callen, J. L., Khan, M., Lu, H. Accounting Quality, Stock Price Delay, and Future Stock Returns [R]. Cotemporary Accounting Research, 2013, 30 (1): 269 – 295.

[144] Campello, M., Graham, J. R. Do Stock Prices Influence Corporate Decisions? Evidence From the Technology Bubble [J]. Journal of Financial Economics, 2013, 107 (1): 89 – 110.

[145] Chen, Z., Guan, Y., Ke, B. Are Stock Option Grants to Directors of State – Controlled Chinese Firms Listed in Hong Kong Genuine Compensation? [J]. The Accounting Review, 2013, 88 (5): 1547 – 1574.

[146] Cheng, C. S. A., Eshleman, J. D. Does the Market Overweight Imprecise Information? Evidencefrom Customer Earnings Announce-

ments [J]. Review of Accounting Studies, 2014, 19 (3): 1125 – 1151.

[147] Cheng, Q. , Warfield, T. D. Equity Incentives and Earnings Management [J]. The Accounting Review, 2005, 80 (2): 441 – 476.

[148] Chirinko, R. S. , Schaller, H. Business Fixed Investment and "Bubbles": The Japanese Case [J]. The American Economic Review, 2001, 91 (3): 663 – 680.

[149] Claessens, S. , Djankov, S. , Lang, L. H. P. The Separation of Ownership and Control in East Asian Corporations [J]. Journal of Financial Economics, 2000, 58 (1): 81 – 112.

[150] Coles, J. L. , Daniel, N. D. , Naveen, L. Managerial Incentives and Risk – Taking [J]. Journal of Financial Economics, 2006, 79 (2): 431 – 468.

[151] Coles, J. L. , Lemmon, M. L. , Meschke, J. F. Structural Models and Endogeneity in Corporate Finance: The Link between Managerial Ownership and Corporate Performance [J]. Journal of Financial Economics, 2012, 103 (1): 149 – 168.

[152] Collins, D. W. , Gong, G. , Li, H. Corporate Governance and Backdating of Executive Stock Options [J]. Contemporary Accounting Research, 2009, 26 (2): 403 – 455.

[153] Cooper, M. J. , Dimitrov, O. , Rau, P. R. A Rose. Com by any Other Name [J]. The Journal of Finance, 2001, 56 (6): 2371 – 2388.

[154] Cooper, M. J. , Gulen, H. , Rau, P. R. Changing Names with Style: Mutual Fund Name Changes and their Effects on Fund Flows [J]. The Journal of Finance, 2005, 60 (6): 2825 – 2858.

[155] Cooper, M. J., Khorana, A., Osobov, I., Patel, A., Rau, P. R. Managerial Actions in Response to a Market Downturn: Valuation Effects of Name Changes in the Dot. Com Decline [J]. Journal of Corporate Finance, 2005, 11: 319 – 335.

[156] Core, J. E., Guay, W. Stock Option Plans for Non – Executive Employees [J]. Journal of Financial Economics, 2001, 61 (2): 253 – 287.

[157] Cornell, B., Landsman, W. R., Stubben, S. Accounting Information, Investor Sentiment, and Market Pricing [J]. Journal of Law, Finance, and Accounting, 2017, 2 (2): 325 – 345.

[158] Daniel, K., Hirshleifer, D., Avanidhar. Investor Psychology and Security Market Under – and Overreactions [J]. Journal of Finance, 1998, 53 (6): 1839 – 1885.

[159] De Cesari, A., Ozkan, N. Executive Incentives and Payout Policy: Empirical Evidence From Europe [J]. Journal of Banking & Finance, 2015, 55: 70 – 91.

[160] Dechow, P. M., Sloan, R. G. Executive Incentives and the Horizon Problem: An Empirical Investigation [J]. Journal of Accounting and Economics, 1991, 14 (1): 51 – 89.

[161] Defusco, R., Johnson, R., Zorn, T. The Effect of Executive Stock Option Plans on Stockholders and Bondholders [J]. Journal of Finance, 1990, 45 (2): 617 – 627.

[162] Demsetz, H., Lehn, K. The Structure of Corporate Ownership: Causes and Consequences [J]. Journal of Political Economy, 1985, 93 (6): 1155 – 1177.

［163］ Demsetz, H. , Villalonga, B. Ownership Structure and Corporate Performance ［J］. Journal of Corporate Finance, 2001, 7 (3): 209 –233.

［164］ Di Giuli, A. The Effect of Stock Misvaluation and Investment Opportunities on the Method of Payment in Mergers ［J］. Journal of Corporate Finance, 2013, 21: 196 –215.

［165］ Diamond, D. W. Constraintson Short – selling and Asset Price Adjustment to Private Information ［J］. Journal of Financial Economics, 1987, 18 (2): 277 –311.

［166］ Dong, M. , Hirshleifer, D. A. , Teoh, S. H. Stock Market Misvaluation and Corporate Investment ［EB/OL］ (2007 –05 –08) https: // ssrn. com/abstract = 972765.

［167］ Dong, M. , Hirshleifer, D. A. , Teoh, S. H. Stock Market Overvaluation, Moon Shots, and Corporate Innovation ［EB/OL］ (2007 – 05 –01) https: //ssrn. com/abstract = 3094381.

［168］ Dong, M. , Hirshleifer, D. , Teoh, S. H. Overvalued Equity and Financing Decisions ［J］. Review of Financial Studies, 2012, 25 (12): 3645 –3683.

［169］ Drake, M. S. , Guest, N. M. , Twedt, B. J. The Media and Mispricing: The Role of the Business Press in the Pricing of Accounting Information ［J］. The Accounting Review, 2014, 89 (5): 1673 –1701.

［170］ Duffhues, P. , Kabir, R. Is the Pay – Performance Relationship Always Positive?: Evidence From the Netherlands ［J］. Journal of Multinational Financial Management, 2008, 18 (1): 45 –60.

［171］ Edmans, A. , Fang, V. W. , Lewellen, K. A. Equity Vesting and Investment ［J］. Review of Financial Studies, 2017.

[172] Efendi, J., Srivastava, A., Swanson, E. P. Why Do Corporate Managers Misstate Financial Statements? The Role of Option Compensation and Other Factors [J]. Journal of Financial Economics, 2007, 85 (3): 667 - 708.

[173] Essid, W. Executive Stock Options and Earnings Management: Is there an Option Level Dependence? [J]. Corporate Governance: International Journal of Business in Society, 2012, 12 (1): 54 - 70.

[174] Faccio, M., Lang, L. H. P. The Ultimate Ownership of Western European Corporations [J]. Journal of Financial Economics, 2002, 65 (3): 365 - 395.

[175] Fama, E. F., French, K. R. Common Risk Factors in the Returns on Stocks and Common Risk Factors in the Returns on Stocks and Bonds [J]. Journal of Financial Economics, 1993, 33 (1): 3 - 56.

[176] Fama, E. F., Jensen, M. C. Separation of Ownership and Control [J]. The Journal of Law & Economics, 1983a, 26 (2): 301 - 325.

[177] Fama, E. F., Jensen, M. C. Agency Problems and Residual Claims [J]. The Journal of Law & Economics, 1983b, 26 (2): 327 - 349.

[178] Fang, H., Nofsinger, J. R., Quan, J. The Effects of Employee Stock Option Plans on Operating Performance in Chinese Firms [J]. Journal of Banking & Finance, 2015, 54: 141 - 159.

[179] Fenn, G. W., Liang, N. Corporate Payout Policy and Managerial Stock Incentives [J]. Journal of Financial Economics, 2001, 60 (1): 45 - 72.

[180] Fisman, R., Svensson, J. Are Corruption and Taxation Really

Harmful to Growth? Firm Level Evidence [J]. Journal of Development Economics, 2007, 83 (1): 63 – 75.

[181] Friedman, M. The Case for Flexible Exchange Rates [D]. Essays in Positive Economics, University of Chicago Press, 1953.

[182] Ghosh, C., Sirmans, C. F. Board Independence, Ownership Structure and Performance: Evidence from Real Estate Investment Trusts [J]. Journal of Real Estate Finance and Ecomomics, 2003, 26 (2): 287 – 318.

[183] Gilson, S. C. Management Turnover and Financial Distress [J]. Journal of Financial Economics, 1989, 25 (2): 241 – 262.

[184] Glaser, M., Lopez – De – Silanes, F., Sautner, Z. Opening the Black Box: Internal Capital Markets and Managerial Power [J]. The Journal of Finance, 2013, 68 (4): 1577 – 1631.

[185] Goldman, E., Slezak, S. L. An Equilibrium Model of Incentive Contracts in the Presence of Information Manipulation [J]. Journal of Financial Economics, 2006, 80 (3): 603 – 626.

[186] Goyal, V. K., Yamada, T. Asset Price Shocks, Financial Constraints, and Investment: Evidence From Japan [J]. The Journal of Business, 2004, 77 (1): 175 – 199.

[187] Grullon, G., Michenaud, S., Weston, J. P. The Real Effects of Short – Selling Constraints [J]. Review of Financial Studies, 2015, 28 (6): 1737 – 1767.

[188] Grundy, B. D., Li, H. Investor Sentiment, Executive Compensation, and Corporate Investment [J]. Journal of Banking & Finance, 2010, 34 (10): 2439 – 2449.

[189] Gugler, K. , Mueller, D. C. , Yurtoglu, B. B. Insider Owner-ship, Ownership Concentration and Investment Performance: An International Comparison [J]. Journal of Corporate Finance, 2008, 14 (5): 688 – 705.

[190] Hadlock, C. J. , Pierce, J. R. New Evidence on Measuring Fi-nancial Constraints: Moving Beyond the KZ Index [J]. The Review of Fi-nancial Studies, 2010, 23 (5): 1909 – 1940.

[191] Hadlock, C. , Houston, J. , Ryngaert, M. The Role of Manageri-al Incentives in Bank Acquisitions [J]. Journal of Banking & Finance, 1999, 23 (2 – 4): 221 – 249.

[192] Harrison, H. , Stein, J. C. Differences of Opinion, Short – Sales Constraints, and Market Crashes [J]. The Review of Financial Studies, 2003, 16 (2): 487 – 525.

[193] Harrison, J. M. , Kreps, D. M. Speculative Investor Behavior in a Stock Market with Heterogeneous Expectations [J]. The Quarterly Journal of Economics, 1978, 92 (2): 323 – 336.

[194] Hau, H. , Lai, S. Real Effects of Stock Underpricing [J]. Journal of Financial Economics, 2013, 108 (2): 392 – 408.

[195] He, J. J. , Tian, X. The Dark Side of Analyst Coverage: The Case of Innovation [J]. Journal of Financial Economics, 2013, 109 (3): 856 – 878.

[196] Healy, P. M. The Effect of Bonus Schemeson Accounting Deci-sions [J]. Journal of Accounting and Economics, 1985, 7 (1): 85 – 107.

[197] Healy, P. M. , Palepu, K. G. Information Asymmetry, Corporate Disclosure, and the Capital Markets: A Review of the Empirical Disclosure Literature [J]. Journal of Accounting and Economics, 2001, 31

（1 – 3）：405 – 440.

［198］Heron, R. A., Lie, E. Does Backdating Explain the Stock Price Pattern Around Executive Stock Option Grants? ［J］. Journal of Financial Economics, 2007, 83（2）：271 – 295.

［199］Hillegeist, S. A., Penalva, F. Stock Option Incentives and Firm Performance ［R］. SSRN Working Paper, 2003.

［200］Hirshleifer, D., Jiang, D. A Financing – Based Misvaluation Factor and the Cross – Section of Expected Returns ［J］. Review of Financial Studies, 2010, 23（9）：3401 – 3436.

［201］Hong, H., Wang, J., Yu, J. Firms as Buyers of Last Resort ［J］. Journal of Financial Economics, 2008, 88（1）：119 – 145.

［202］Ittner, C. D., Lambert, R. A., Larcker, D. F. The Structure and Performance Consequences of Equity Grants to Employees of New Economy Firms ［J］. Journal of Accounting and Economics, 2003, 34（1 – 3）：89 – 127.

［203］Jensen, M. C., Meckling, W. H. Theory of the Firm：Managerial Behavior, Agency Costs and Ownership Structure ［J］. Journal of Financial Economics, 1976, 3（4）：305 – 360.

［204］Jensen, M. C., Murphy, K. J. CEO Incentives—It's Not How Much You Pay, But How ［J］. Harvard Business Review, 1990, 68（3）：138 – 153.

［205］John J. Mcconnell, H. S. Additional Evidence on Equity Ownership and Corporate Value ［J］. Journal of Financial Economics, 1990, 27（2）：595 – 612.

［206］Jr. Smith, C. W. Option Pricing：A Review ［J］. Journal of Financial Economics, 1976, 3 (1 – 2): 3 – 51.

[207] Kang, S. H. , Kumar, P. , Lee, H. Agency and Corporate Investment: The Role of Executive Compensation and Corporate Governance [J]. The Journal of Business, 2006, 79 (3): 1127 – 1147.

[208] Kato, H. K. , Lemmon, M. , Luo, M. , Schallheim, J. An Empirical Examination of the Costs and Benefits of Executive Stock Options: Evidencefrom Japan [J]. Journal of Financial Economics, 2005, 78 (2): 435 – 461.

[209] Kim, J. , Li, Y. , Zhang, L. CFOs Versus CEOs: Equity Incentives and Crashes [J]. Journal of Financial Economics, 2011a, 101 (3): 713 – 730.

[210] Kim, J. , Li, Y. , Zhang, L. Corporate Tax Avoidance and Stock Price Crash Risk: Firm – Level Analysis [J]. Journal of Financial Economics, 2011b, 100 (3): 639 – 662.

[211] Kim, Y. , Li, H. , Li, S. Corporate Social Responsibility and Stock Price Crash Risk [J]. Journal of Banking & Finance, 2014, 43: 1 – 13.

[212] Krivogorsky, V. Ownership, Board Structure, and Performance in Continental Europe [J]. The International Journal of Accounting, 2006, 41 (2): 176 – 197.

[213] Kumar, A. , Lei, Z. , Zhang, C. A Direct Test of the Dividend Catering Hypothesis, 2016.

[214] Kumar, A. , Lei, Z. , Zhang, C. Dividend Sentiment, Catering Incentives, and Return Predictability [R]. SSRN Working Paper, 2019.

[215] La Porta, R. , Lopez – De – Silanes, F. , Shleifer, A. Corporate

Ownership Around the World ［J］. Journal of Finance, 1999, 54 （2）: 471 – 517.

［216］ Lambert, R. A. , Lanen, W. N. , Larcker, D. F. Executive Stock Option Plans and Corporate Dividend Policy ［J］. Journal of Financial and Quantitative Analysis, 1989, 24 （4）: 409 – 425.

［217］ Lang, L. , Ofek, E. , Stulz, R. M. Leverage, Investment, and Firm Growth ［J］. Journal of Financial Economics, 1996, 40 （1）: 3 – 29.

［218］ Lee, E. , Strong, N. , Zhu, Z. Did Regulation Fair Disclosure, SOX, and Other Analyst Regulations Reduced Security Mispricing? ［J］. Journal of Accounting Research, 2014, 52 （3）: 733 – 774.

［219］ Lerner, J. Venture Capitalists and the Decision to Go Public ［J］. Journal of Financial Economics, 1994, 35 （3）: 293 – 316.

［220］ Li, W. , Lie, E. Dividend Changes and Catering Incentives ［J］. Journal of Financial Economics, 2006, 80 （2）: 293 – 308.

［221］ Lin, C. , Lin, P. , Song, F. M. , Li, C. Managerial Incentives, CEO Characteristics and Corporate Innovation in China's Private Sector ［J］. Journal of Comparative Economics, 2011, 39 （2）: 176 – 190.

［222］ Liu, L. , Liu, H. , Yin, J. Stock Option Schedules and Managerial Opportunism ［J］. Journal of Business Finance & Accounting, 2014, 41 （5 – 6）: 652 – 684.

［223］ Lou, D. Attracting Investor Attention through Advertising ［J］. Review of Financial Studies, 2014, 27 （6）: 1797 – 1829.

［224］ Mehran, H. Executive Compensation Structure, Ownership, and Firm Performance ［J］. Journal of Financial Economics, 1995, 38 （2）: 163 – 184.

［225］Miller, E. M. Risk, Uncertainty, and Divergence of Opinion ［J］. The Journal of Finance, 1977, 32 （4）: 1151 – 1168.

［226］Morck, R. , Shleifer, A. , Vishny, R. W. Management Ownership and Market Valuation: An Empirical Analysis ［J］. Journal of Financial Economics, 1988, 20 （1）: 293 – 315.

［227］Morgan, A. G. , Poulsen, A. B. Linking Pay to Performance——Compensation Proposals in the S&P 500 ［J］. Journal of Financial Economics, 2001, 62 （3）: 489 – 523.

［228］Morse, A. , Nanda, V. , Seru, A. Are Incentive Contracts Rigged by Powerful CEOs? ［J］. The Journal of Finance, 2011, 66 （5）: 1779 – 1821.

［229］Myers, S. C. , Majluf, N. S. Corporate Financing and Investment Decisions When Firms Have Information that Investors Do Not Have ［J］. Journal of Financial Economics, 1984, 13 （2）: 187 – 221.

［230］Nadler, A. , Jiao, P. , Johnson, C. J. , Alexander, V. , Zak, P. J. The Bull of Wall Street: Experimental Analysis of Testosterone and Asset Trading ［J］. Manangement Science, 2017 （4）.

［231］Nadler, A. , Jiao, P. , Johnson, C. , Alexander, V. The Bull of Wall Street: Experimental Analysis of Testosterone and Asset Trading ［R］: SSRN Working Paper, 2017.

［232］Nagar, V. , Nanda, D. , Wysocki, P. Discretionary Disclosure and Stock——Based Incentives ［J］. Journal of Accounting and Economics, 2003, 34 （1 – 3）: 283 – 309.

［233］Nanda, V. , Narayanan, M. P. Disentangling Value: Financing Needs, Firm Scope, and Divestitures ［J］. Journal of Financial Intermediation, 1999, 8 (3): 174 – 204.

[234] Oyer, P., Schaefer, S. Why Do some Firms Give Stock Options to All Employees?: An Empirical Examination of Alternative Theories [J]. Journal of Financial Economics, 2005, 76 (1): 99 – 133.

[235] Pagano, M., Panetta, F., Zingales, L. Why Do Companies Go Public? An Empirical Analysis [J]. Journal of Finance, 1998, 53 (1): 27 – 64.

[236] Pantzalis, C., Park, J. C. Agency Costs and Equity Mispricing [J]. Asia – Pacific Journal of Financial Studies, 2014, 43 (1): 89 – 123.

[237] Peng, L., Röell, A. Executive Pay and Shareholder Litigation [J]. Review of Finance, 2008, 12 (1): 141 – 184.

[238] Polk, C., Sapienza, P. The Stock Market and Corporate Investment: A Test of Catering Theory [J]. Review of Financial Studies, 2009, 22 (1): 187 – 217.

[239] Rhodes-Kropf, M., Robinson, D. T., Viswanathan, S. Valuation Waves and Merger Activity: The Empirical Evidence [J]. Journal of Financial Economics, 2005, 77 (3): 561 – 603.

[240] Richardson, S. Over – Investment of Free Cash Flow [J]. Review of Accounting Studies, 2006, 11 (2): 159 – 189.

[241] Ryan, H. E., Wiggins, R. A. The Interaction Between R&D Investment Decisions and Compensation Policy [J]. Financial Management, 2002, 31 (1): 5 – 29.

[242] Saffi, P. A. C., Sigurdsson, K. Price Efficiency and Short Selling [J]. The Review of Financial Studies, 2011, 24 (3): 821 – 852.

[243] Scharfstein, D. S., Stein, J. C. Herd Behavior and Investment

[J]. American Economic Review, 1990, 80 (3): 465 –479.

[244] Scheinkman, J. A., Xiong, W. Overconfidence and Speculative Bubbles [J]. Journal of Political Economy, 2003, 111 (6): 1183 –1220.

[245] Shleifer, A., Vishny, R. W. A Survey of Corporate Governance [J]. Journal of Finance, 1997, 52 (2): 737 –783.

[246] Shleifer, A., Vishny, R. W. Stock Market Driven Acquisitions [J]. Journal of Financial Economics, 2003, 70 (3): 295 –311.

[247] Short, H., Keasey, K. Managerial Ownership and the Performance of Firms: Evidence From the UK [J]. Journal of Corporate Finance, 1999, 5 (1): 79 –101.

[248] Simpson, A. Does Investor Sentiment Affect Earnings Management? [J]. Journal of Business Finance & Accounting, 2013, 40 (7 –8): 869 –900.

[249] Smith, C. W., Watts, R. L. The Investment Opportunity Set and Corporate Financing, Dividend, and Compensation Policies [J]. Journal of Financial Economics, 1992, 32 (3): 263 –292.

[250] Stambaugh, R. F., Yuan, Y. Mispricing Factors [J]. The Review of Financial Studies, 2017, 30 (4): 1270 –1315.

[251] Stein, J. C. Rational Capital Budgeting in an Irrational World [J]. Journal of Business, 1996, 69 (4): 429 –455.

[252] Strobl, G. Stock – Based Managerial Compensation, Price Informativeness, and the Incentive to Overinvest [J]. Journal of Corporate Finance, 2014, 29: 594 –606.

[253] Tzioumis, K. Why Do Firms Adopt CEO Stock Options? Evidence From the United States [J]. Journal of Economic Behavior & Organi-

zation, 2008, 68 (1): 100 – 111.

[254] Veenman, D., Hodgson, A., Van Pragg, B., Zhang, W. Decomposing Executive Stock Option Exercises: Relative Information and Incentives to Manage Earnings [J]. Journal of Business, Finance and Accounting, 2011, 38 (5 – 6): 536 – 573.

[255] Walkshäusl, C. Mispricing and the Five – Factor Model [J]. Economics Letters, 2016, 147: 99 – 102.

[256] Xie, H. The Mispricing of Abnormal Accruals [J]. Accounting Review, 2011, 76 (3): 357 – 373.

[257] Yermack, D. Good Timing: CEO Stock Option Awards and Company News Announcements [J]. Journal of Finance, 1997, 52 (2): 449 – 476.

[258] Zattoni, A., Minichilli, A. The Diffusion of Equity Incentive Plans in Italian Listed Companies: What is the Trigger? [J]. Corporate Governance: An International Review, 2009, 17 (2): 224 – 237.

[259] Zhang, X. F. Information Uncertainty and Stock Returns [J]. The Journal of Finance, 2006, 61 (1): 105 – 137.

# 致　谢

　　多年前结识徐龙炳教授时还是开始攻读博士的那一年，之后我经常参加徐教授团队的活动，并多次请他指导我的研究和论文写作。一次偶然的机会让我有幸成为徐教授的博士后，也算是正了我们的师生名分。作为一名学者，徐教授严谨得近乎苛刻，勤奋得让作为学生的我们常常汗颜，踏实钻研又不失高效，专注学术却又淡泊名利，这些品质最终外化为他丰硕的学术成果和学界对他极高的评价。对徐教授敬佩的同时也深深地受他感染，遗憾的是自己竭尽全力恐怕也难以望其项背，这也激励着我在以后的学术生涯中要不忘初心、坚持不懈。徐教授于我亦师亦友，除了在学术道路上作为我的领路人对我帮助极大以外，徐教授对待朋友、学生、同事的真诚和无私也潜移默化地影响了我，让我领悟到"做事先做人"这句话的真谛。我永远无法忘记2015年春节的大年初四，徐教授放弃了与家人团聚和我在办公室讨论我的国家自然科学基金申报书，偌大的校园有些冷清，我们的讨论却如火如荼。为了尽可能地为我修改申报书争取时间，中午他和我只在学校食堂简单地吃碗面条。在团队中，徐教授是严厉的导师，又是宽厚仁慈的长者，在学术研究中他不允许任何人有半点马虎，而在生活和工作中他总是竭尽所能地给同学最大的帮助。应该说，能够成为徐教授团队中的一员，在许多方面改变了我，也是我莫大的幸运！

我还要感谢陆蓉教授和她主持的"金融学前沿论文速递"微信公众平台。每一篇论文推送的背后体现的是团队同学的集体努力和陆教授的艰辛付出，对每一篇论文推送稿进行细致到标点符号的修改，足以体现陆教授严谨的工作作风、超凡的专业素养和对学生的无私奉献。在平台的学习提升了我评鉴论文的品位，开拓了我的研究视野，也锻炼了我把握论文的能力。我甚至"剽窃"了平台的许多工作机制，比如美国金融学年会（AFA）和国际顶级期刊论文的报告和讨论、对前沿学术成果的推送等，将其运用到我的教学和对学生的培养中，也为我的团队提供了许多有益的借鉴。

另外，我也要感谢我的家人，他们对我的体谅和支持为我的学术研究提供了坚实的后勤保障，他们对物质财富的不计得失为我提供了宽松的精神环境。我需要特别感谢我的妻子。在我放弃了原先前景还不错的工作去选择当一枚"青椒"时，她知道我内心需要什么，因此毫不犹豫地支持了我的决定。经济学"青椒"的妻子，不仅难有优渥的物质生活，甚至连温馨浪漫也比别人少许多，但她从未有怨言。她喜我之所喜，为我取得的点滴成绩感到由衷高兴；忧我之未忧，尽其所能承担陪伴孩子、照顾孩子和教育孩子的重任。在这里，我要对我的妻子和孩子说：我爱你们！

徐寿福

**2019 年 9 月**